KB089880

위드코로나 시대
돈 버는
해외주식

위드코로나 시대

돈 버는
해외주식

현직 펀드매니저와
강남 Top PB에게 배우는
위기 속 안정적 투자법

유나무, 전래훈 지음

길위의책

리는 지금 코로나19라는 전 세계적인 유행병으로 인한 사회 변화는 물론 지난 40년 동안 경험해보지 못했던 인플레이션, 금리 인상을 겪고 있다. 여기에 냉전 종식 이후 가장 높은 수준으로 상승하고 있는 지정학적 위험 등의 요인이 겹친 2022년 현재의 투자 지형도에 많은 투자자들은 혼란스러워하고 있다.

투자에 정답은 없다. 기업의 경쟁력, 가능성, 방향성을 체크하는 동시에 시대에 맞는 투자 테마를 잡아 관련 기업 혹은 ETF에 투자해야 한다.

투자의 방향은 시대에 따라 돌고 돌기에 개인 투자자들은 시대에 맞춰 끊임없이 공부하고 투자를 해야 한다. 그런 점에서 변동성이 높고 투자하기 어려운 이 시기에 현직 펀드매니저와 강남 TOP PB인 저자가 손잡고 길잡이가 되어줄 해외 주식 및 ETF에 관한 책을 냈다는 건 투자자 입장에서는 반가운 일이다. 모쪼록 이 책의 내용이 개인 투자자들에게 미래를 판단하는 통찰력과 균형 잡힌 투자 전략을 스스로 세워 자산을 늘리게 하는 좋은 지침서가 되기를 바란다.

- 크래프트테크놀로지스 APAC CEO 오기석

오기석

소프트뱅크에서 투자받은 AI Fintech 업체인 크래프트테크놀로지스의 APAC CEO로 있는 오기석 대표는, 크래프트의 인공지능 기반 투자 솔루션의 글로벌 비즈니스 확장을 맡는 역할을 수행하고 있다. 크래프트테크놀로지스에 합류하기 전 뱅가드 아시아 법인 내 한국 비즈니스 담당 상무, 디렉시온 ETF의 아시아 지사 이사, 그리고 미래에셋 자산운용 등에서 10여 년간 ETF 운용역, 상품개발, 세일즈 등으로 비즈니스를 키워오며 ETF와 해외 투자 교육에 힘써왔다.

머리말
Prologue

자산 버블, 테이퍼링, 금리 인상 등 세계 경제가 급변하고 있다. 이런 때일수록 과거 투자 경험에서 얻은 교훈을 통해 미래를 대비해야 한다.

사람들은 일상을 살아가면서 불확실한 미래를 예측하거나 대비할 때 본인 또는 다른 사람들의 과거 경험이나 사실들을 바탕으로 준비하곤 한다. 그리고 이런 대비책들은 종종 최악의 우려들이 현실로 벌어지는 것들을 방지하는 데 큰 도움을 주기도 한다.

금융시장도 이런 일상 생활과 별반 차이 없이 흘러 왔던 거 같다. 필자가 금융시장에서 10년 넘게 일하면서 몇 번의 위기감이 고조될 때마다 소환되었던 2008~2009년 금융위기, 동일본 대지진, 미국 신용등급 강등, 유럽 재정위기, 유가 폭락 등 다양한 과거의 위기 속에서 우리는 투자의 지혜를 얻고 슬기롭게 대응해왔다. 이런 부분들이 작용해서인지 과거 유사한 위기 때마다 금융시장은 과거에 경험했던 최악의 상황과는 다른 양상으로 흘러갔고, 전문가들은 이런 일들을 가리켜 '학습효과에 따른 결과물'이라고 말하기도 했다. 아마도 이런 결과물들의 대표격이라 말할 수 있는 것이 지속적으로 사상 최고치를 갱신하는 미국 주식시장이 아닐까 싶다.

그런데 우리가 놓인 현재 코로나19 이후의 위기는 과거의 금융 시스템이 가져온 위기와는 거리가 있다. 21세기 들어 경험해본 적 없는 장기간의 질병 창궐이 가져온 다양한 위기가 현재 우리가 놓인 현실이며 위기이다. 이런 위기는 다방면으로 산업구조의 변화를 가져왔고, 금융시장은 이런 변화에 맞춰 자금의 흐름이 변화하였다. 그리고 2022년 우리는 10여 년간 지속되었던 저금리 시대가 마무리되고, 금리 상승기를 눈앞에 두고 있다. 따라서 이젠 자산 관리와 투자 방향에 대해 과거의 투자 위험에 따른 교훈을 통해 어떻게 투자해야 할지 고민하고 최선의 투자를 해야 할 시기라 생각한다.

글로벌 증시 시가총액 98%를 차지하는 해외 투자는 선택이 아닌 필연이다.

우리나라 증시의 시가총액은 글로벌 증시 시가총액에서 약 2% 수준이다. 그 작은 세상 속에서 우리는 너무나 치열하게 투자를 하며 살아왔다. 98%의 더 넓은 메인 플레이어들이 뛰고 있는 리그를 무시한 채 우물 안 개구리처럼 말이다.

그러나 점점 해외주식 투자 열풍이 불기 시작했다. 테슬라, 아마존,

애플, 구글, 마이크로소프트, 엔비디아 등 글로벌 혁신 대표기업들의 견조한 실적, 지속적인 주가 상승 추세, 주주 친화적 정책 등의 영향으로 안정적이면서 고수익을 올릴 수 있다는 사실이 한국인 투자자들에게 입소문이 나면서다. 그리고 지금은 본격적으로 '서학개미'라는 말까지 등장할 정도로 해외주식에 열광하는 투자자들이 늘어나는 실정이다.

해외주식 투자에 대한 열풍이 더욱 거세진 건 2020년 2월 코로나19 발발 이후다. 2011년 약 9조 원 수준이었던 해외주식 보관금액이 2021년 12월 말 기준 100조 원을 돌파하면서 10년새 약 10배 이상 고성장을 이어오고 있다.

코로나19가 우리의 삶의 방식도 완전히 바꾸어 놓았지만, 투자의 헤게모니도 많이 바꾸어 놓고 있다. 대면에서 비대면으로 그리고 백신 등장 이후 다시 비대면에서 대면에 대한 기대로 수시로 해외주식 투자의 주도권이 빠르게 바뀌어 가고 있다.

위드코로나 시대의 투자 환경에 주목해야 한다.

SNS 발달로 우리는 정보의 홍수 속에 살아가고 있다. 한 국내 언론매체는 해외 언론매체보다 몇 분 일찍 해외 기업의 정보를 제공할 정도이다. 그렇다면 정보를 일찍 알았다고 투자에 성공할 수 있을까? 아이러니하게도 정보가 많을수록 투자에 대한 확신이 흔들려 수익을 얻기보다는 손실을 볼 확률이 더 높다. 투자에 대한 성공 여부는 투자에 대한 '확신'에서 비롯된다. 서학개미들이 가장 많이 투자한 테슬라의 경우 모든 투자자들이 그만큼 큰 수익을 얻었을까? 고점에 매수한 투자자가 있는가 하면, 저점에 매도한 투자자도 있다. 즉 대형주라고 해서 모든 투자자들이 수익을 얻는 건 아니라는 것이다. 이런 때일수록 현재의 투자 환경을 정확히 인지하고 미래의 먹거리를 책임질 섹터가 무엇인지를 정확히 알아서 그 섹터를 주도할 기업을 찾아 투자하는 것이 안정적이면서 고수익을 얻을 수 있는 방법이다.

이 책에서는 많은 정보로 투자자를 혼란스럽게 하기보다 수익을 내줄 해외주식 투자의 핵심 방향을 짚어 말한다.

1장에서는 위드코로나 시대에 적어도 5년 동안은 변하지 않을 투자패러다임을 설명함으로써, 투자에 대한 방향성을 제시한다.

2장에서는 위드코로나 시대의 투자 환경을 테마별로 나누어 투자 배경에 대해서 설명하고, 그 테마에 관련된 대표적인 ETF를 소개한다. 이때 개별 종목보다는 테마 및 섹터로 투자하고 싶은 투자자들의 입맛에 맞게 라인업했다. 그리고 공격적인 투자를 하고 싶은 개인 투자자들을 위해 그 테마 또는 ETF 내 대표적인 기업으로 떠오르고 있는 기업의 성장 동력에 대해 설명함으로써 그 기업의 투자 가치성에 대해 알려주고자 하였다. 더불어 여기에 열거된 기업이 아니더라도 개인 투자자들이 투자 대상 기업을 찾을 때 어떠한 선까지 성장 동력을 찾고 투자해야 하는지 도움을 주고자 하였다.

3장에서는 저금리, 저성장 시대에 안정적인 수익을 올릴 수 있는 배당투자 전략 및 대표 ETF, 대표 기업을 소개하였다.

4장에서는 필자가 고객과 직접 매수, 매도한 다양한 사례를 보여줌으로써 개인 투자자가 나름대로 투자 원칙을 갖고 매수, 매도하여 안정적인 수익을 얻는 데 조금이나마 가이드 역할을 하고자 하였다.

5장에서는 해외주식 투자를 어디서부터 시작해야 할지 막막한 분들을 위해 계좌 개설부터 환전, 환율, 양도소득세, 배당소득세를 설명함으로써 보다 쉽게 해외주식 투자에 접근할 수 있게 하고자 했다.

최근 비트코인, 메타버스, NFT 등 쏟아지는 투자 기회와 다양한 자산 속에서 이 책이 코로나19로 촉발된 '위기'와 '변화'라는 상황에 맞춰 올바른 투자 방향을 설정해 자산 증식에 조금이나마 도움이 되기를 기원한다.

Contents

머리말　　　　　005

1장 위드코로나 시대의 투자 패러다임은 어떻게 다를까?

코로나19, 지나가는 유행성 질병이 아닌 변화의 시작　　　016
위기 뒤에 오는 기회에 주목하라　　　020
위기 이후 시가총액 상위 기업의 변화를 읽어라　　　024
경제위기 속에서 빛난 IT와 성장주 섹터　　　032
위기 속 안정적인 수익률, 해외주식　　　035

2장 바뀐 투자의 패러다임에 주목하라

주목해야 할 투자 테마 7가지　　　040

투자테마 01 비대면이 가능한 온라인 쇼핑의 활성화

01 미국의 소상공인 특화 핸드메이드 온라인 쇼핑몰, 엣시　　　046
02 온라인 쇼핑몰 구축 솔루션은 아마존?! 아니 쇼피파이!　　　049
03 동남아시아의 텐센트, 동남아시아의 아마존, 시그룹　　　052
04 중남미의 아마존, 메르카도리브레　　　055

투자테마 02 캐시리스(Cashless) 사회로의 전환, 금융 플랫폼에 주목하라

01 현금 없이 사는 글로벌 대표 결제주, 페이팔　　　　　　　　062

02 폭발적 성장 중인 글로벌 결제의 라이징 스타, 블록　　　　066

03 글로벌 1위 결제 사업자, 비자　　　　　　　　　　　　　070

투자테마 03 재택과 비대면의 시대

01 미국판 직방! 미국판 네이버부동산! 부동산 중개 플랫폼 1위, 질로우　　078

02 중국판 직방! 중국판 네이버부동산! 부동산 중개 플랫폼 1위, KE홀딩스　081

03 미국 1위 전자서명＆결제 기업, 도큐사인　　　　　　　　085

04 미국 대표 반려동물 온라인 쇼핑몰, 츄이　　　　　　　　089

투자테마 04 데이터 솔루션, 클라우드 비즈니스의 성장

01 글로벌 대표 클라우드 Big 3, 아마존＆마이크로소프트＆알파벳(구글)　096

02 클라우드 비즈니스와 디자인 업계의 최강자, 어도비　　　102

투자테마 05 반도체 빅사이클, 반도체의 반격이 시작됐다

01 반도체 미세 공정 EUV 제조 대표 기업, ASML홀딩　　　110

02 글로벌 1위 파운드리 업체, 타이완 세미컨덕터　　　　　113

투자테마 06 내연기관차의 종말선언, 전기차의 대중화 시대가 온다

01 글로벌 전기차 대표 업체, 테슬라　　　　　　　　　　122

투자테마 07 현실과 가상의 콜라보, 메타버스의 시대가 온다!

01 이제는 메타버스 대표 기업, 메타플랫폼스　　　　　　　132

3장 배당이라는 고정적 인컴형 자산을 노려라

배당, 불경기가 가져온 또 다른 투자의 트렌드   138

투자테마 01 저금리 시대를 극복하는 투자 대안처, 고배당주

01 코로나19 백신 주도주, 화이자   150
02 미국의 SKT, 버라이즌 커뮤니케이션   153
03 미국 대표적 배당주, 코카콜라   156
04 금융 산업 내 대표적 고배당주, 푸르덴셜 파이낸셜   159
05 미국의 KT&G, 알트리아   162

투자테마 02 저금리 시대를 극복하는 투자 대안처, 배당 성장주

01 미국의 대표적 배당 귀족주, IBM   172
02 코로나19 팬데믹의 대표적 수혜주, 벡톤디킨슨   175
03 글로벌 No.1 금융주, JP모건   178
04 글로벌 No.1 인적자원 관리 회사, ADP   182
05 미국 최대 규모 식료품 소매업자, 크로거   185

투자테마 03 저금리 시대를 극복하는 투자 대안처, 리츠

01 글로벌 최대 규모의 통신타워 리츠, 아메리칸 타워   196
02 영국 물류창고 전문 리츠, 트리탁스 빅박스   199
03 아시아 유일의 데이터센터 리츠, 케펠DC리츠   203

4장 해외주식 투자 실전 사례
"나는 이렇게 투자한다!"

해외주식 투자의 원칙 3가지   210
전기차 선두기업에 투자해 경제적 자유를 이루고자 한다   214
1등 기업에만 투자한다   217

중국의 테슬라, 니오와 샤오펑에 투자한다 220

배당 투자로 경제적 자유를 꿈꾼다 223

코로나19를 기점으로 비대면 수혜주에 투자한다 226

현물 부동산이 아닌 리츠로 큰 수익을 얻는다 228

경제봉쇄 완화를 기대하며 관련 주식에 베팅하다 231

미국 증시의 신규 IPO 투자는 양날의 검과 같다 234

미국 상장 원자재 파생 레버리지 ETN 투자는 위험성이 크다 237

5장 How 해외주식 투자
"야, 너두 해외주식 할 수 있어!"

증권사 계좌 개설 쉽게 하기 A to Z 242

해외주식 거래 시 필수 과정 : 환전! 환전과 환율의 A to Z 246

국가별 제도 및 거래 시간 확인하기 250

해외주식의 양도소득세와 배당소득세 이해하기 253

해외 기업 영문명 259

Global Equity

1장

위드코로나 시대의
투자 패러다임은
어떻게 다를까?

코로나19,
지나가는 유행성 질병이 아닌
변화의 시작

2020년 초, 코로나19가 처음으로 세상에 알려졌을 때만 해도 대부분의 사람들은 사스나 메르스, 독감처럼 그저 겨울이면 겪는 하나의 유행병이 될 거라 생각했다. 심지어 그 당시에는 세계보건기구(WHO)조차 코로나19의 심각성과 이것이 가져올 파괴력에 대해 인지하지 못했다. 하지만 금융시장은 달랐다. 이 사태의 심각성을 가장 먼저 깨닫고 반응했다. 특히 주식시장과 채권시장은 세계보건기구가 팬데믹을 선언한 2020년 3월 11일 이전인 2월 중순 즈음부터 코로나19의 심각성에 격하게 반응했다.

금융시장은 바로 'Risk off(위험자산 회피, 안전자산 선호)' 국면으로 들어갔다. 즉 위험자산인 주식시장이 아닌 안전자산인 채권과 금에 대한 선호 현상이 뚜렷해지면서 주식시장에서 썰물처럼 돈이 빠져나갔다. 대표적으로 다우존스 주가지수는 2월 12일부터 3월 10일까지 약세장 진입을 일컫는 20% 하락률을 넘어선 -20.3%를 기록했고, 스탠다드푸어스500(S&P500) 지수와 미국 기술주 중심의 나스닥(Nasdaq) 주가지수조차 약 20% 가까운 하락세를 기록하며 11년간의 강세장을 접고 본격적인 약세장 진입을 알렸다.

대표적인 안전자산인 채권시장에서도 변화의 움직임이 포착되었다. 채권시장 내 가장 안전한 자산인 미국 국채에 대한 선호 현상이 뚜렷해진 반면, 상대적으로 위험자산인 회사채들은 몇몇 기업들의 신용경색 현상이 포착되며 국채 대비 조달금리 비용이 큰 폭으로 상승하는 등 채권시장 안에서도 위험자산에서 안전자산으로의 '머니 무브(Money Move)' 현상이 나타났다.

이러한 일들이 너무 짧은 기간에 일어나 투자자 입장에서는 다소 충격적일 수 있지만 전혀 낯선 모습이 아니다. 우리가 '위기'라고 일컫는 시기마다 찾아온 전형적인 금융시장의 모습이기 때문이다. 최근 20년간의 변화를 살펴보면 2001년 IT 버블(Dot-com Bubble)과 2007~2008년 금융위기 때도 비슷한 상황이 펼쳐졌다. 그러나 이 위기는 투자자들에게는 부를 거머쥘 수 있는 새로운 기회를 주기도 했다. 실제 코로나19가 발생한 그 해 폭락했던 주식은 해가 넘어가기도 전에 이미 미국 다우지수와 S&P500가 사상 최고치를 경신하고 실물경제가 살아나는 등 새로운 경제호황을 누리는 듯한 모습을 보였다.

그러나 위드코로나 선언 이후에 등장한 델타, 오미크론 등 변이 바이러스로 경제는 다시 침체의 가능성을 시사하고 있다. 또한 2022년에는 인플레이션과 원자재, 통화정책의 변화로 투자에 신중해야 한다는 의견이 지배적이다. 그러나 항상 위기 속에 투자 기회가 있었음을 역사가 증명했으므로 이 장에서는 경제 위기 속에 금융시장이 어떻게 반응을 했고, 위기 속의 경험적 학습이 투자자를 어떠한 방향으로 이끌었는지에 대해 언급하고자 한다.

코로나19로 달라진 해외주식 시장!
무엇을 보고, 어떤 주식에 투자해야 할까?

위기 뒤에 오는
기회에 주목하라

필자는 금융 업계에서 10년 넘게 투자와 자산 운용을 하면서 자산 배분 측면에서 늘 세 가지 위험을 고려해왔다. 첫째는 측정 가능한 위험을 인지하는 것이고, 둘째는 측정하기 어려운 위험을 인지하는 것, 셋째는 측정하기 어려운 위험을 인지하지 못하는 것이다. 첫째와 둘째 위험은 다양한 모델과 시나리오 등 여러 가지 테스트를 통해 사전 방지나 사후 대응 조치를 할 수 있어서 위험을 최소화할 수 있다. 그러나 셋째 유형의 위험은 측정조차 어려운 위험이 예상치 못한 상황에 닥치기에 리스크를 측정하고 대응할 준비조차 하기가 어렵다. 이런 위험이 불쑥 닥치면 전문 투자자 역시 투자에 대한 신념과 철학, 과거의 경험을 토대로 시장에 대응했던 것으로 기억된다.

과거 금융시장 역사상 '위기'로 여겨지는 상황은 셋째 유형의 위험이 닥쳤을 때다. 코로나19가 셋째 유형의 위험에 속하며, 2008년 금융위기* 때와 비교해보면 유사한 점들이 눈에 보인다. 이는 현재 팬데믹 상황에서 금융시장 참여자가 참고할 수 있는 지표로 볼 수 있다.

금융위기와 코로나19가 가져온 투자 기회

2008년 금융위기와 코로나19 초기의 상황을 살펴보면, 두 시기 모두 위험에 대한 사전 경고는 있었다. 물론 금융위기는 IT 버블 당시와 마찬가지로 투자자들의 과도한 욕심에서 발생한 인위적 버블에서 출발했고, 지금의 코로나19 사태는 아직까지 명확한 원인은 확인되지 않았지만 시장 참여자들이 만들어낸 인위적 요인에서 생겨난 것이 아니라는 점에서 분명히 다르다. 하지만 두 위기 모두 위험에 대한 경고는 있었고, 투자자들은 그 위험에 대한 측정이 불가능해 인지하지 못했다는 점이 유사하다.

금융위기 시기로 거슬러 올라가보면, 2008년 9월 29일, 다우존스 지수가 하루 만에 6.98% 하락하며 2차 세계대전 이후 최대 하락폭을 기록했다. 이런 거품 붕괴에 대한 사전 경고는 2007년 2월 27일 중국과 미국 주식시장에서 2003년 이후 최대 하락폭을 기록하며 나오기 시작했다. 심지어 크고 작은 금융회사들이 부도하는 상황에서도 주식시장 내 투자자들은 이를 단지 기우로 치부한 채 매수세를 이

---

* **2008년 금융위기** 2008년 미국에서 서브프라임 모기지 부실로 베어스턴스, 리먼브라더스, 메릴린치 등 미국의 대형 투자은행 파산을 시작으로 전 세계로 퍼진 대규모의 금융위기 사태.

어나갔고, 결국 버블 붕괴와 함께 큰 손실을 입었다. 반면, 영화 〈빅 쇼트(Big Short)〉로 국내에도 잘 알려진 펀드매니저 마이클 베리(Michael Burry)는 2005년 5월 19일부터 서브프라임모기지 하락에 대한 투자를 진행하기 시작했고, 힘들었던 장고 끝에 큰 수익을 기록했다.

코로나19도 사전 경고가 있었다는 측면에서는 다르지 않다. 물론 질병이라는 특수성은 과거 경제대공황, IT 버블, 금융위기와 같은 위기의 촉발 요인과 엄연히 다르고, 매우 빠른 속도로 퍼져가는 유행성 질병에 대응하는 것이 금융시장 참여자 입장에서는 불가항력적인 요인이지만 이런 상황에서도 또 다른 마이클 베리는 탄생했다.

코로나19에 대한 공포심이 증폭되던 2020년 1분기의 미국 주식시장을 살펴보면, S&P500 지수가 약 19.6% 하락했고 대부분의 펀드매니저들도 큰 손실을 입으며 저조한 수익률을 기록했다. 대표적으로 전 세계에서 가장 큰 헤지펀드 중 하나로 유명한 브리지워터 어소시에이츠(Bridgewater Associates)의 레이 달리오(Ray Dalio) 대표 펀드도 2020년 1분기에 -23%의 저조한 수익률을 기록했다. 그런데 석유 등에 투자하는 대표적인 원자재 헤지펀드 매니저인 오일 트레이더(Oil trader) 피에르 안두란드(Pierre Andurand)는 코로나19에 대한 불안감이 확산되기 시작할 때 실물경기 위축을 예상하고 그가 운용하던 펀드에서 오일 하락에 대한 포지션을 구축했다. 그 결과 그는 3월 한 달간 약 150% 이상의 수익률을 기록했고, 1분기 기준으로 120%의 높은 수익률을 기록하며 팬데믹 상황에서 또 다른 마이클 베리의 탄생을 알렸다.

사실 이런 과거의 위기에 대해 다시 논하고 이런 상황에서 어떻게 대응할 수 있는지에 대해 이야기할 수 있는 것은 모두 결과론적인 이야기이다. 또한 혹자는 이런 것들까지 세심하게 살피면서 어떻게 투자할 수 있겠느냐고 묻는다. 모두 맞는 이야기이다. 그런 점에서 필자는 이런 큰 위기를 예측해서 대응한다기보다 이런 위기 뒤에 오는 기회를 주목할 필요가 있다고 생각한다. 즉 위기에 대응하는 각국 중앙정부들의 부양책, 그리고 이에 반응하는 금융시장과 실물경기 등 여러 가지 후속조치에 따른 연쇄반응 속에서 투자 기회가 있었다는 사실을 인지하기를 바란다.

위기 이후
시가총액 상위 기업의
변화를 읽어라

코로나19와 금융위기 당시 각국의 중앙은행이 펼쳤던 부양책들을 살펴보면 유사한 점이 매우 많다. 특히 2020년에 WHO가 팬데믹을 선언할 당시 미국이 단행했던 부양책들은 금융위기에서 헤쳐 나온 경험이 있었기에 가능하지 않았나 싶을 정도로 모든 결정이 과감하고 빠른 편이었다.

금융위기 당시의 주요 부양책들을 살펴보면, 정부의 재정 확대를 통한 재정정책, 중앙은행의 금리 조정을 통한 통화정책, 이보다 직접적인 통화정책인 양적 완화까지 현재의 코로나19 상황에서 나온 부양책들과 비슷한 점이 매우 많다. 특히 미국 재무부의 금융 구제 프로그램(TARP; Troubled Assets Relief Program)과 재정부양책의 일환인 2008 긴급경제안정법(Emergency Economic Stabilization Act of 2008)과 2009 미국 경기 회복 및 재투자법(American Recovery and Reinvestment Act of 2009)은 금융위기 당시 미국에서 제정 및 시행되었던 정책이었다. 금리 인하 측면에서도 금융위기 때, 미국의 중앙은행(Fed)은 기준금리를 2007년 9월 5.25%에서 2008년 12월 0~0.25% 수준까지 낮추었고 제로금리에 가까운 수준을 2015년까지 유지하는 등 현재 코로나19 위기 대응 방식과 매우 동일한 모습을 보였다.

그렇다면 이런 부양책들이 쏟아졌던 금융위기 직후에 주식시장에는 어떠한 변화가 생겼을까? 모두가 알고 있듯 금융위기 때의 모든 충격은 결국 다 회복되었고, 그 이전 수준을 넘어서는 강세장을 보였다. 그리고 재미나게도 특정 산업과 기업에 변화가 나타났다. 즉 부양책이 쏟아진 이후인 2009년 3월부터 기준금리 0% 수준이 유지되던 2015년 3월까지 전 세계 시가총액 상위 100위의 기업들을 살펴보면 산업별로 성과에 차이가 있었다.

2009년 이후 가장 월등한 성과를 보였던 섹터는 헬스케어, IT, 소비재, 소비자 서비스, 산업재, 금융 순으로 모두 100% 이상의 주가 수익률을 기록했다. 반면 석유와 가스, 공익사업, 통신, 원자재 섹터는 상대적으로 저조한 수익률을 기록했다. 좀 더 흥미로운 점은 글로벌 상위 100위의 기업들 중 상위 20위 기업들의 시가총액 순위가 변했다는 점이다. 2015년 3월 기준으로 시가총액 1위와 2위 기업은 IT 기업인 애플과 구글이 차지했다. 그런데 이 두 기업은 2009년 3월만 해도 33위와 22위를 각각 기록했고, 애플의 경우에는 당시 시가총액이 940억 달러 수준이었는데 만 6년이 지난 2015년 3월에는 무려 670% 가까이 상승한 7,250억 달러가 되었다. 그리고 페이스북의 경우 2009년에는 상장조차 하지 않았는데 2012년 5월 18일 상장한 뒤 2015년 3월에는 2,310억 달러의 시가총액을 기록하며 글로벌 상위 17위 기업으로 성장했다. 또한 헬스케어 기업들의 약진도 눈에 띈다. 노바티스와 화이자는 2009년 3월 기준 각각 29위, 36위에서 10위와 20위로 글로벌 상위 20위 안으로 진입했다.

정리하면, 경기 부양을 위해 대규모 통화정책 및 재정정책을 펼치는 동안 글로벌 주식시장은 소위 성장주라고 분류되는 IT와 헬스케어 기업들이 좋은 수익률을 보였다.

산업별 성과 비교

산업	2015년 Top100 기업들의 시가총액(십억 달러)	2015년 기업 수	2009년과 2015년 비교 Top100 기업들의 시가총액 변화	2009년 이후 산업별 주가 추이
금융	3,236	19	135%	107%
IT	2,802	12	177%	165%
헬스케어	2,632	18	159%	172%
소비재	2,529	18	123%	165%
오일&가스	1,629	9	19%	27%
소비자 서비스	1,516	10	163%	162%
산업재	844	7	156%	136%
통신	722	4	44%	52%
원자재	337	3	84%	51%
유틸리티(전기 등)	0	0	n/a	24%

글로벌 Top100 기업 중 1~20위 기업들

기업	국가	산업	순위	2015년 3월 31일 기준		2009년 3월 31일 기준	
				순위	시가총액 (십억 달러)	순위	시가총액 (십억 달러)
애플	미국	IT	32	1	725	33	94
구글	미국	IT	20	2	375	22	110
엑슨모빌	미국	오일&가스	(2)	3	357	1	337
버크셔 헤서웨이	미국	금융	8	4	357	12	134
마이크로소프트	미국	IT	1	5	334	6	163
페트로차이나	중국	오일&가스	(4)	6	330	2	287
웰스파고	미국	금융	48	7	280	55	60
존슨앤드존슨	미국	헬스케어	–	8	280	8	145
중국공상은행 (ICBC)	중국	금융	(5)	9	275	4	188
노바티스	스위스	헬스케어	19	10	267	29	100
차이나모바일	홍콩	통신	(6)	11	267	5	175
월마트	미국	소비자 서비스	(9)	12	265	3	204
제너럴 일렉트릭	미국	산업	11	13	250	24	107
네슬레	스위스	소비재	1	14	243	15	129
토요타자동차	일본	소비재	8	15	239	23	108
로쉬 홀딩 AG	스위스	헬스케어	2	16	237	18	119
페이스북	미국	IT	–	17	231	IPO	–
JP모건체이스	미국	금융	10	18	226	28	100
프록터&갬블	미국	소비재	(9)	19	221	10	138
화이자	미국	헬스케어	16	20	214	36	92

코로나19 이후의 Top 기업

현재의 코로나19 위기에서는 어떤 변화가 있을까? 우선 각국의 부양책들을 살펴보면, 앞서 이야기했듯 금융위기 때와 매우 비슷한 모습을 보인다.

　코로나19로 인한 경제 피해가 가시화되기 전에 미국 연방준비은행(FRB)은 기준금리 1.25%에서 0.5%포인트의 금리 인하를 두 차례 단행하며 2020년 3월 15일 0.25%까지 제로금리에 가까운 수준을 유지했다. 그리고 당시 트럼프 대통령은 2020년 3월 13일 국가비상사태를 선포하며 500억 달러 규모의 연방재난자금을 활용할 것을 발표했고, 3월 25일 미 상원은 2조 달러에 달하는 경기부양 법안을 만장일치로 통과시키며 본격적인 무제한 양적 완화 계획을 실행해나갔다.

　경제부흥정책의 속도와 규모 면에서 비교하면, 금융위기 당시 미국 정부는 최소 4개월의 시차를 두고 이뤄졌지만 현재의 코로나19의 대응 정책은 무려 4주 만에 신속하게 이뤄졌다. TARP와 재정부양책 등의 재정정책도 금융위기 당시에는 1조 5,000억 달러 규모였던 반면 현재는 거의 2조 달러에 달하는 등 코로나19에 대한 대처가 보다 신속하고 공격적으로 진행되고 있다.

　코로나19로 인한 경제위기는 버블 등의 구조적인 문제로 촉발된 것이 아니기에 구제금융의 사용처가 금융위기 당시와 차이가 난다. 예를 들어, 금융위기 당시에는 기업 구제 위주였다면 현재는 영업 제한, 이동 제한 등과 같은 락다운(lock down) 조치로 인한 소비자 피해를 감안해 보조금 지급, 대출 상환 유예 등과 같은 보다 직접적인 소비자 구제책들이 실행되고 있다.

　이러한 적극적인 경기부양책의 영향으로 2020년 금융시장은 예상과 달리 매우 빠른 회복세를 보였다. 코로나19 백신이 나오기 전부터 시장은 일상생활로의 복귀에 대한 기대감으로 점차 회복세를 보였고, 그 가운데 사회적 거리 두기, 마스크 착용 등과 같은 생활습관 변화의 영향으로 수혜를 보는 섹터들을 중심으로 빠른 상승세를 기록했다. 2020~2021년 미국의 S&P500 내 섹터별 총 수익률을 살펴보면 코로나19 상황에서도 IT 기업들의 강세는 여전했으며, 자유소비재(Consumer Discretionary), 통신 서비스(Communication Service) 그리고 원자재(Material) 섹터들이 지수 대비 높은 수익률을 기록했다. 이 양상은 당분간 지속될 것으로 예상한다.

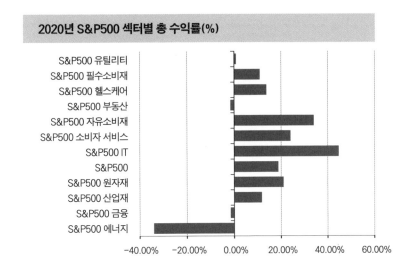

각각의 기업들도 살펴보자. 물론 아직 코로나19가 종식되지는 않았지만 2020~2021년의 시가총액을 보면 전체 7,730개 상장사 중

가장 크게 시가총액이 증가한 상위 15개 기업 대부분은 IT 기업들이
다. 그중 애플은 2020년 한 해에만 1,000조 달러 가까이 시가총액이
상승하며 1위를 기록했고, 아마존과 테슬라가 그 뒤를 이었다. 또 마
이크로소프트, 알파벳, 텐센트, TSMC, 페이스북, 엔비디아, 삼성전자
등 전 세계 IT 섹터 내 선도 기업들도 시가총액 규모 면에서 크게 몸
집을 키웠다. 반면, 전통적 에너지 기업들은 코로나19에 따른 락다운
및 경기 위축의 영향으로 하락하는 모습을 보였다.

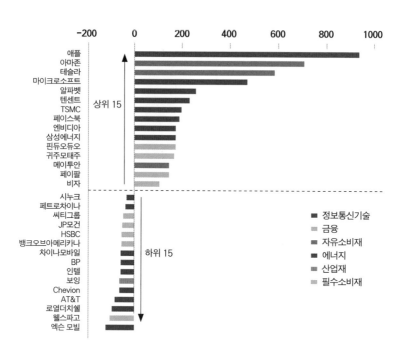

코로나19 상황에서 기업들의 주가 변화

우리가 눈여겨보는 주가 수익률 측면에서는 2020년 내내 회자되었던 테슬라가 연초 대비 787% 상승하면서 2020년 최고로 뜨거운 1위 기업에 올라섰다. 그리고 2위는 동남아시아 시장에서 게임, 전자상거래, 전자결제 등의 사업을 영위하고 있는 시그룹이 446% 주가 상승을 기록했고, 그다음에는 직장인이라면 한 번쯤은 사용해봤을 화상회의 플랫폼 회사인 줌비디오가 413% 주가 상승을 이루며 3위 기업으로 기록됐다.

그렇다면 2020~2021년을 보낸 우리는 투자 기회를 이미 놓친 것일까? 과거 금융위기의 경험을 토대로 코로나19 사태와 2020~2021년 주식시장을 살펴보면 지금 우리는 코로나 종식과 경기 정상화로 가는 과정 중 초입 단계에 있다고 할 수 있다. 코로나19 종식을 위한 백신 및 치료제 확보에 힘을 기울이고 있고, 이와 동시에 예상되지 않는 부작용을 두려워하고 있다. 이런 영향으로 실물경기의 회복은 특정 분야에서는 빠르게 반등되고는 있지만, 소비 측면에서는 여전히 더디게 진행되고 있다. 다만, 실물경기와는 다르게 주식시장은 다른 횡보를 보이고 있다는 점이 다소 우려되지만, 코로나19가 종식되기까지 몇 년이 더 걸릴지 모르는 상황인 만큼 현명한 투자가 요구된다.

경제위기 속에서
빛난 IT와
성장주 섹터

　현재 시점에서 투자자인 우리는 어떤 부분들을 고려해야 할까? 위에서 살펴봤듯이 과거 금융위기 때와 2020~2021년 주식시장은 몇몇 비슷한 모습들이 있다. 두 위기 상황에서 모두 IT와 같은 성장주 섹터들이 높은 수익률을 기록했다는 것이다. 어떠한 이유 때문에 다른 원인으로 촉발된 두 위기 상황에서 주식시장은 비슷한 모습을 보인 걸까?

성장성이 크고 실적에 대한 가시성이 높은 기업

　첫 번째 이유는 금리이다. 두 위기 모두 제로금리에 가까운 저금리 카드를 통화정책의 일환으로 시행했다. 이는 두 가지 측면에서 영향을 끼쳤다.

　먼저 성장주에 해당하는 기업들의 조달 비용을 낮추는 효과를 가져왔다. 보통 성장주에 해당하는 기업들의 재무 상태는 일반 가치주에 비해 좋은 편이 아니다. 이는 그들이 영위하는 사업 분야가 불확실한 미래에 대한 지속적인 기술 투자를 전제로 하기에 일반적으로 수익 구조가 안정적이지 않으며 신용등급 또한 좋은 편이 아니다. 이런 이유로 성장주는 조달 비용이 상대적으로 높아 일반 회사채뿐 아니라 전환사채처럼 상대적으로 비용이 높은 다양한 조달 방식까지 동원해 기술 투자에 필요한 비용을 충당한다. 이런 상황에서 기준금리가 낮아진다면 이들의 재무 부담 또한 낮아져 본 사업을 영위하는 기초체력이 개선되는 효과를 얻을 수 있다.

두 번째 영향은 투자자들의 눈높이가 변화하는 것이다. 기준금리가 0%에 가까워지면 채권 수익률 또한 낮아져서 기존 투자자들이 추구하는 요구수익률과 괴리가 생긴다. 그래서 투자자들은 보다 높은 수익률을 추구하며 공격적인 자산에 투자하게 된다. 이와 동시에 경기 위축에 따른 저성장/저금리 국면에서는 유동성마저 풍부해져 성장(=높은 수익률)에 대한 니즈가 높기 때문에 성장성이 크고 실적에 대한 가시성이 높은 기업에 자금이 몰리는 경향이 있다.

기술 혁신의 가시화를 이룬 기업

두 번째 이유는 기술 혁신이다. 일반적으로 기술 진보는 사람들의 생활패턴을 포함한 사회 및 산업구조에 변화를 일으킨다. 대표적으로 인터넷과 스마트폰의 탄생은 우리 삶에 많은 변화를 가져왔으며, 이와 관련된 부품, 소재 등과 관련 있는 기업들 또한 전방산업의 성장과 함께 기업 가치가 증대되었다. 예를 들면, 과거 금융위기 회복 국면에서 상장한 페이스북은 사람들 간의 의사소통에 있어 패러다임의 전환을 일궈냈으며, 과거 검색엔진 서비스 제공업자였던 구글은 현재 인공지능에 대한 가능성을 보여주며 시장 내 기대감을 높이고 있다. 그리고 2020~2021년 최고의 주가 상승률을 기록한 테슬라는 전기차가 내연기관차를 대체할 수 있다는 가능성에 대한 가시성을 보여주며 기업가치평가에서 높은 평가를 받을 수 있는 근거를 마련했다.

하지만 코로나19가 가져온 세상은 조금 달랐다. 일반적으로 기술의 진보가 생활을 변화시켰다기보다 질병 창궐이 생활 패턴을 변화시키고 이에 맞춰 기업들이 기술 혁신을 일궈내고 있다. 앞서 언급했던 줌비디오의 상품인 화상회의 플랫폼이 코로나19가 가져온 '언택트(untact. 비대면)' 생활에서 꼭 필요한 기술이 되고, 주식시장 내 투자자들이 이에 반응한 것이 대표적인 사례다. 다시 말해, 사회에 필요한 기술 혁신이라는 가능성을 가시화할 때 시장은 언제나 해당 기술에 높은 프리미엄을 붙여 주식 가치를 인정한다.

위기 속 안정적인 수익률, 해외주식

코로나19가 아직 끝나지 않은 현재, 우리는 어떤 관점으로 투자를 해야 할까? 먼저 지역적인 측면에서 국내보다 글로벌 시장에 보다 많은 기회가 있다고 본다. 과거 위기 뒤에 찾아온 시장의 정상화 속도나 기업들의 비즈니스 대상이 되는 시장의 크기, 주주 친화적인 정책, 글로벌 대표 브랜드 기업의 다양한 선택의 폭을 보면 국내보다 미국을 중심으로 한 글로벌 증시에 더 많은 선택지가 있을 것이다.

해외투자에 관심을 가져야 하는 이유

해외투자에 높은 관심을 갖는 이유 중 첫째는 높은 수익률이다. 2021년 하반기 개인 해외투자자(서학개미)들이 주로 사들인 글로벌 빅테크 기업 중 가장 높은 수익을 올리고 있는 종목은 '알파벳 클래스A'다. 알파벳 클래스A 주가는 2021년에 64% 정도 올랐다. 2021년 하반기 마이크로소프트(12.7%), 테슬라(11.4%), 메타플랫폼스(7.3%)

등도 양호한 상승률을 보였다. 여기서 중요한 것은 수익률도 좋았지만, 변동성이 컸던 국내주식 대비 상대적으로 안정적인 변동성을 보이면서 주가 상승률까지 좋았다는 점이다.

안정적이고 높은 수익률을 추구하는 투자자들의 심리와, 그러한 심리를 충족하는 기업들을 고려했을 때 우리가 관심을 가져야 하는 투자처가 해외주식이다. 그렇다면 안정적이고 높은 수익률을 안겨주는 기업을 선별하는 기준은 무엇일까? 첫째, 시가총액이 높은 기업 즉, 이미 검증을 받은 기업에 투자하는 것이다. 2021년 기준 세계적으로 시가총액이 큰 상위 기업을 보면 애플, 마이크로소프트, 아마존, 알파벳(구글) 순으로 모두 해외 IT 기업이다. 둘째, 기업의 성장 가능성을 봐야 하는데, 매 분기 매출 및 이익 성장률, 영업이익률 그리고 R&D, 즉 미래를 위한 연구개발에 얼마나 투자하느냐다. IT 부문으로는 알파벳, 마이크로소프트, 메타플랫폼스(구 페이스북) 등의 글로벌 기업이 뒤를 잇는다. 이처럼 투자의 조건을 충족하는 기업이 모두 해외에 있다.

그렇다면 현재 코로나19가 종식되지 않은 상황에서 어떤 해외주식에 투자해야 할까? 2020~2021년에 높은 주가 수익률을 기록했던 IT 중심의 성장주에 집중하는 게 맞을까? 아니면 코로나19의 종식과 함께 살아날 경기에 맞춰 경기 민감주를 보는 게 맞을까? 이런 섹터보다 높은 배당수익률을 쫓는 고배당주를 살펴보는 게 맞을까? 이런 투자 방향성에 대한 자세한 내용과 해당하는 각각의 기업에 대해서 다음 장에서 본격적으로 논의해보자.

Global Equity

2장

바뀐 투자의 패러다임에
주목하라

주목해야 할
투자 테마 7가지

코로나19는 우리의 일상을 불편하게 만들기 시작하더니 생활 패턴과 투자의 패러다임까지 바꾸고 있다. 집 밖에 나가는 것이 두려워 스마트폰 터치 몇 번으로 물건을 집으로 배송하다 보니 마트 가서 사는 것보다 모바일에서 장을 보는 일상이 더 익숙해졌고, 전자상거래를 하다 보니 자연스레 현금 결제나 카드를 긁을 일이 없어져 모바일이나 인터넷 결제 시스템을 더욱 가까이하게 되었다. 현금을 언제 봤는지 기억이 안 날 정도로 우리는 송금, 입금도 어느새 자연스럽게 모바일에서 하고 있다.

밖에 나가서 여가를 즐기지 못하니 집에서 하루 종일 일상을 보내고, 재택근무가 활성화되면서 집에서 근무하는 것도 익숙한 일이 되어간다. 그렇게 인터넷과 모바일 환경에서 일상과 일을 하게 되니 데이터를 저장하고 활용하는 클라우드 비즈니스가 폭발적으로 성장하고 있다. 코로나19 이전에도 성장 산업이었는데, 팬데믹이 클라우드 시장 성장의 불을 지폈다고 해도 과언이 아니다.

또한 대면이 어려워지면서 현실세계와 가상세계를 연결하는 메타 버스(Metaverse)가 등장했는데 이 시장에 대한 관심도 뜨거워지기 시작했다. 페이스북이 사명을 메타플랫폼스로 변경하고 향후 사업 계획을 메타버스로 천명할 만큼 새로운 미래의 성장 산업으로 자리매김할 가능성이 높아졌다.

이에 따라 아마존, 마이크로소프트, 구글 등 클라우드 대장 업체들이 데이터센터와 클라우드의 늘어나는 수요를 맞추기 위해 증설 경쟁을 벌이면서 그 안에 쓰이는 반도체의 수요도 덩달아 함께 늘어나고 있다. 스마트폰, 태블릿, 노트북, PC, 클라우드, 데이터센터, 자율주행 자동차, IOT(사물인터넷), 메타버스 등 코로나19가 불러온 새로운 수요는 반도체 시장에 '빅 사이클(Big Cycle)'이라는 표현을 쓰게 할 만큼 많은 수요를 창출해내고 있다.

코로나19 때문이라고 보긴 어렵지만, 새로운 트렌드인 전기차 시장 역시 테슬라를 필두로 빠르게 성장하며 저탄소 배출과 자율주행이라는 큰 틀로 세상의 트렌드를 바꿔가고 있다.

코로나19로 한층 더 빨라진 투자 패러다임의 큰 변화 7가지를 함께 살펴보자.

비대면이 가능한
온라인 쇼핑의 활성화

'쿠팡, 마켓컬리의 대반격! 우리나라 마트와 백화점의 아성이 무너진다!'

코로나19로 인해 우리의 삶은 완전히 바뀌었다. 늘 편하게 자주 가던 마트를 드물게 가게 되었고, 그것마저 불안해 집 안에서 생필품, 신선 식품, 음식까지 배달시키는 일이 다반사다. 그 과정에서 전자상거래의 성장은 당연한 결과로 받아들여진다.

미국을 비롯한 전 세계 사람들은 어떨까?

미국과 유럽은 아마존(Amazon)이 전자상거래의 선두를 차지하고 있고, 중국은 알리바바(Alibaba), 중남미는 메르카도리브레(Mercado Libre), 동남아는 시그룹(Sea Group)의 쇼피(Shopee)가 선두에 있다. 아마존은 심지어 2020년에 약 320조~350조 원의 총 매출을 올렸다. 이 수치는 우리나라 삼성전자의 시가총액과 맞먹는다. 손가락 클릭 몇 번과 휴대폰 터치 몇 번으로 이루어진 전자상거래의 총 매출이 이 정도다. 그 과정에서 미국의 큰 백화점이나 중소형 마트 체인들은 문을 닫았다. 코로나19로 전 세계인들의 소비 패턴과 온·오프라인 구매의 패러다임이 완전히 바뀐 것이다. 백신이나 치료제 개발로 코로나19가 잠잠해진다 하더라도 지금의 구매 트렌드는 바뀌지 않을 것 같다. 사람들은 한 번 익숙해진 것은 잘 바꾸지 않기 때문이다.

우리나라를 비롯한 전 세계 투자자들은 이미 아마존(AMZN)과 알리바바(BABA)와 같은 글로벌 대표 전자상거래 기업 투자에 익숙하다. 이 기업들 외에 코로나19 이후로 전 세계인들의 생활방식을 바꾸고 있는 새로운 기업들을 살펴보자.

전자상거래 산업 대표 ETF : IBUY, EBIZ, ONLN, EMQQ

티커	ETF명	자산 총액	설정일	운용 보수 (연간)	3개월 수익률	1년 수익률	3년 수익률
IBUY	Amplify Online Retail ETF	899.99M	2016/4/20	0.65%	-10.58%	18.13%	38.05%
EBIZ	Global X E-commerce ETF	233.60M	2018/11/27	0.50%	-1.80%	17.06%	N/A
ONLN	ProShares Online Retail ETF	864.57M	2018/7/13	0.58%	-10.77%	28.99%	25.45%
EMQQ	Emerging Markets Internet & Ecommerce ETF	1.25B	2014/11/13	0.86%	-2.53%	-5.01%	21.29%

(단위 _ B: 십억 달러, M: 백만 달러 | 출처 _ 2021년 11월 2일 종가 기준, 각 ETF 운용사 팩트시트)

❶ IBUY, EBIZ, ONLN는 주로 선진국 전자상거래 기업에 투자하는 ETF로, 운용사가 다르고 각각 자산 총액 및 연간 운용 보수, 투자 섹터 비중의 차이, 투자 종목의 차이 등이 다르다.

❷ EMQQ는 이머징 국가의 전자상거래를 이끄는 기업들에 분산투자한다.

앞의 3개 ETF 중 자신의 기호에 맞는 1개의 ETF와 EMQQ에 함께 투자한다면 선진국과 이머징의 전자상거래 기업에 분산투자하는 효과를 누릴 수 있을 것으로 기대한다.

[IBUY ETF 상위 10개 종목]

Stamps.com	3.07%
Lands'End	2.92%
빅커머스홀딩스	2.49%
리볼브 그룹	2.44%
업워크	2.40%
Just Eat Takeaway.com	2.39%
카바나	2.36%
thredUP	2.23%
도어대시	2.19%
츄이	2.18%
TOP10 종목 비중	24.67%

[EBIZ ETF 상위 10개 종목]

윌리엄-소노마	5.35%
이베이 eBay	5.25%
쇼피파이	5.25%
아마존닷컴	4.69%
익스피디아	4.68%
라쿠텐 그룹	4.63%
고대디	4.22%
부킹홀딩스	4.10%
엣시	3.99%
코스타 그룹	3.97%
TOP10 종목 비중	46.10%

[ONLN ETF 상위 10 종목]	
아마존닷컴	26.29%
알리바바	12.86%
뉴에그 커머즈	4.26%
Stamps.com	3.00%
도어대시	2.70%
이베이	2.59%
엣시	2.31%
Lands'End	2.08%
츄이	2.06%
Betterware de Mexico	2.01%
TOP10 종목 비중	60.17%

[EMQQ ETF 상위 10 종목]	
알리바바	8.31%
텐센트	7.35%
핀두오두오	6.63%
메이투안디앤핑	6.25%
메르카도리브레	5.80%
릴리언스 인더스트리	5.30%
JD닷컴	5.23%
내스퍼스	4.73%
넷이즈	4.19%
시그룹	3.50%
TOP10 종목 비중	57.30%

[출처: www.ETF.com, 2021년 11월 2일 기준]

미국의 소상공인 특화
핸드메이드 온라인 쇼핑몰, 엣시

기업명 ETSY INC | **티커** ETSY US

● **상장일** 2015년 4월 16일 ● **시가총액(억 원)** 355,738
● **1년 수익률(%)** 75.47 ● **3년 수익률(%)** 75.99 ● **배당수익률(%)** N/A

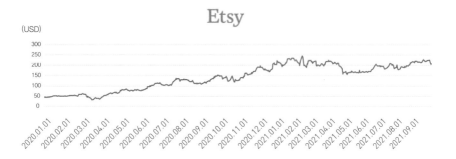

'코로나19 수제 마스크는 엣시(ETSY)!'

코로나19가 끝날 조짐 없이 극성을 부리자 미국에서는 마스크에서 개성을 찾는 사람들이 늘기 시작했고, 사람들은 핸드메이드 마스크를 통해 자신의 개성을 드러냈다. 그 중심에는 미국의 대표 수제품 온라인 마켓인 엣시(Etsy)가 있다.

엣시는 2005년에 미국에서 설립된 회사다. 소호 거리나 소상공인들이 길거리에서 판매하는 수공예품·장신구·보석 등의 핸드메이드 제품을 온라인 몰에서 판매해 '수공예품의 아마존'으로도 불린다.

예전에는 우리나라 홍대 거리를 걸으면 핸드메이드 장신구를 파는 노점상을 많이 볼 수 있었다. 하지만 코로나19로 인해 좌판을 놓고 장사하기가 어려워지면서 노점상은 점차 우리 시야에서 사라지고 있다. 미국도 마찬가지다. 그러나 미국에서는 이런 소상공인들이 엣시와 같은 온라인 플랫폼을 통해 제품을 판매하면서 매출이 살아나고 거래가 활성화되기 시작했다.

엣시는 앱스토어에서 ETSY 앱을 다운받으면 누구나 쉽게 사용할 수 있으며, 이미 200개 이상의 나라에 진출해 있다. 2021년 3분기 말 기준으로 6,780만 명의 능동적인 구매자와 389만 명 이상의 능동적인 판매자가 활발히 활동 중이고, 6,000만 개 이상의 상품이 엣시에서 판매되고 있다.

아마존과는 차별화된 상품

전자상거래 분야에서 가장 많이 알려진 온라인 몰은 아마존이지만, 엣시는 아마존에서는 찾아볼 수 없는 핸드메이드 제품과 다품종 소량 생산 제품을 판매하는 온라인 몰의 최선두에 있다. 수제(핸드메이드)라는 강점이 있어 고객들의 충성도는 아마존보다 훨씬 높다. 충성 고객이 많다는 것은 그만큼 발전 가능성과 기업이 장기간 유지될 가능성이 크다는 것을 의미한다.

셀러와 구매자 간의 유대관계 형성

아마존이 B2C(Business to Customer) 중심이라면 엣시는 개인과 개인을 연결하는 C2C(Customer to Customer)에 중점을 두고 있다. 또한 엣시에서는 판매자를 단순히 물건을 파는 셀러가 아닌 '한 명의 아티스트'로 인정해준다. 아티스트의 제품을 추종하는 커뮤니티도 활성화되어 있어서 활발히 정보를 교류하고 관계를 유지하면서 판매 이상의 유대관계를 이어갈 수 있다. 코로나19 팬데믹이 끝난 이후에도 엣시는 꾸준히 자기만의 길을 만들어갈 것으로 기대된다.

02

온라인 쇼핑몰 구축 솔루션은
아마존?! 아니 쇼피파이!

기업명 SHOPIFY INC–CLASS A | **티커** SHOP CN

●**상장일** 2015년 5월 21일 ●**시가총액(억 원)** 2,078,589
●**1년 수익률(%)** 39.78 ●**3년 수익률(%)** 118.66 ●**배당수익률(%)** N/A

'우리의 쇼핑몰 구축 플랫폼은 철수합니다. 쇼피파이에서 하세요.'

2015년 5월 아마존이 자체 쇼핑몰 구축 플랫폼인 '아마존 웹
스토어' 서비스를 종료하면서 고객들에게 경쟁 업체인 '쇼피파이
(Shopify)'를 쓰라고 한 것이 화제가 됐다. 쇼피파이는 2006년에 설
립된 캐나다 전자상거래 기업으로, 아마존을 위협할 기업으로 떠오
르고 있다.

우리가 아마존에서 물건을 팔고 싶다고 가정해보자. 일단 아마존

에서 판매자 사이트를 제작해야 하는데, 일단 여기서부터 막막해진다. 이때 흑기사처럼 나타나 도와주는 것이 바로 쇼피파이다. 쇼피파이는 판매자 또는 소상공인이 온라인 쇼핑몰 사이트를 제작하는 툴을 제공하는데 고객 관리, 결제, 배송, 마케팅 등 온라인 판매 솔루션 및 플랫폼 등 모든 것을 제공한다. 게다가 웹디자이너가 아니어도 누구나 쉽게 만들 수 있는 직관적이고 쉬운 솔루션을 제공해 호평을 받고 있다.

쇼피파이는 현재 약 170여 개국에 진출해 있으며, 2014년에 약 3억 달러 수준이던 매출액이 2020년에는 691억 달러 수준까지 성장하면서 '7년간 약 230배 성장'이라는 경이적인 성장성을 보여주고 있다. 여기에, 오프라인 상점을 운영하던 수많은 소상공인이 코로나19로 인해 온라인 쇼핑몰로 활로를 개척하면서 반사이익까지 누리고 있다.

월 구독형 수익모델

필자가 보는 쇼피파이의 강점은 '월 구독형 수익모델'을 가지고 있다는 점이다. 고객에게 온라인 쇼핑몰 플랫폼을 제공하고 3가지 표준요금제(Basic 29달러/월, Standard 79달러/월, Advanced 299달러/월)로 과금을 한다.

맞춤형 플랫폼 제공

쇼피파이는 아마존 외에 페이스북 쇼핑, 인스타그램 쇼핑, 핀터레스트, 엣시 등 수많은 온라인 판매 채널들에 맞춤형 플랫폼도 제공한다.

여기서 우리가 주목해야 할 점은, 기존 판매자들이 아마존이나 이베이 같은 대형 온라인 사이트에 비싼 판매 수수료를 내면서 판매를 했다면, 요즘은 판매자가 중간유통 단계를 없애고 직접 소비자에게 판매하는 직판이 트렌드라는 점이다. 아마존과 같은 사업자에게 의존하던 판매자들이 직접 판매에 나서면서 아마존 역시 쇼핑몰 구축 플랫폼을 스스로 접었다는 사실이 이를 반증한다.

전 세계적으로 소상공인들 외에도 수많은 대형 브랜드 또는 중소형 브랜드, 중소법인 등 다양한 잠재고객군이 중간유통과 플랫폼을 거치지 않고 스스로 자체 판매를 선택하는 현상은 더욱 심화될 것으로 보인다. 이것이 증시에서 쇼피파이가 아마존처럼 높은 기업가치 평가를 받는 이유다.

03

동남아시아의 텐센트,
동남아시아의 아마존, 시그룹

기업명 SEA LTD-ADR | **티커** SE US

● **상장일** 2017년 10월 20일 ● **시가총액(억 원)** 2,312,487
● **1년 수익률(%)** 119.92 ● **3년 수익률(%)** 200.19 ● **배당수익률(%)** N/A

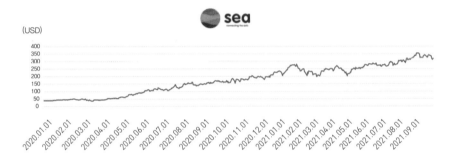

전자상거래, 결제·핀테크 그리고 게임. 이 3가지 분야를 필두로
마치 중국의 텐센트를 연상시키는 기업이 있다. 동남아시아의 텐센트
이자 아마존으로 불리는 시그룹(Sea Group)이다. 시그룹은 2009년
가레나(Garena)라는 이름으로 싱가포르에서 시작해 2017년에 게임
을 출시하면서 현재의 사명으로 변경하고, 그 해 NYSE에 상장했다.

글로벌 최대 게임 퍼블리셔인 텐센트처럼 시그룹은 동남아시아에
서 최대 게임 플랫폼이자 퍼블리셔다. 전체 매출 구성을 보아도 게

임 분야인 가레나가 약 60%로 가장 크고, 전자상거래 분야인 쇼피(Shopee)가 35%, 결제 핀테크 사업부인 시머니(SeaMoney)가 약 3%를 차지한다. 베트남, 인도네시아, 필리핀, 말레이시아, 싱가포르, 태국, 대만 등 동남아시아 7개국이 주요 사업 국가다.

모바일 특화 플랫폼

시그룹은 최근 중국의 알리바바가 최대 주주로 등극한 라자다(Lazada)와 동남아시아 시장에서 경쟁을 겨루고 있다. 동남아시아는 열악한 물류 인프라와 현금 위주의 결제 구조임에도 인터넷과 모바일이 확산되면서 6억 5,000명의 엄청난 인구 중 2015년에는 약 5,000만 명, 2020년에는 1억 8,000명까지 전자상거래 사용자가 급증하고 있다. 기존 라자다가 넓은 고객층(실사용자 연평균 5,000만 명)과 판매자에게 다양하고 효과적인 판매 시스템을 제공해준다면, 후발주자인 쇼피는 동남아시아의 열악한 인터넷 환경을 고려해 PC 온라인보다는 모바일에 특화된 플랫폼을 개발했다. 텐센트가 그러했듯 게임과 결제 등으로 고객을 유인하면서 더욱 효과적인 전자상거래로의 영역 확장에 성공한 것이다. 그리하여 기존의 강자인 라자다를 따라잡는 것을 넘어 1, 2위를 다투는 수준까지 성장했다.

쇼피는 모바일 소셜마켓 플레이스로, 애플리케이션과 SNS를 통한 제품, 페이지, 이벤트 등 판매자 팔로우 기능을 제공하기 때문에 판매자는 SNS를 통해 마케팅과 홍보를 하기가 용이하다. 마치 인스타그램, 페이스북, 핀터레스트의 쇼핑과 비슷하다고 볼 수 있겠다.

신용카드 없이도 결제 가능

신용카드 결제 서비스를 도입하지 않고 바로 QR코드 및 모바일 결제 방식으로 넘어간 중국처럼 동남아시아도 신용카드 보급률이 낮은 현실을 감안해 스마트폰을 통한 모바일 뱅킹, 전자지갑, 계좌이체 등 다양한 결제 방식을 지원하고 있다. 이는 마치 텐센트와 알리바바의 알리페이가 신용카드 결제 없이 QR 코드 및 모바일 결제를 도입한 방식을 그대로 따라가는 모습이다.

동남아시아 시장 역시 전자상거래로 앞으로 수년간 크게 성장할 것이라 생각한다. 포스트 아마존, 포스트 알리바바를 찾는다면 앞으로 시그룹에 주목해야 한다. 새로운 파괴적 혁신 기업이나 성장성이 높은 기업을 잘 찾아내는 ARK인베스트먼트 ETF에 시그룹이 늘 편입되어 있다는 점을 상기할 필요가 있다.

04

중남미의 아마존, 메르카도리브레

기업명 MERCADOLIBRE INC | **티커** MELI US

● **상장일** 2007년 8월 10일 ● **시가총액(억 원)** 883,557
● **1년 수익률(%)** 16.55 ● **3년 수익률(%)** 68.73 ● **배당수익률(%)** N/A

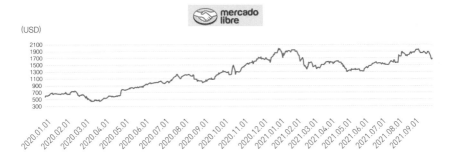

중남미의 1위 전자상거래 플랫폼인 메르카도리브레(Mercado Li-bre)는 1999년 아르헨티나에서 설립된 회사로 브라질(69%), 아르헨티나(20%), 멕시코(13%)에 주력하면서 베네수엘라, 페루, 우루과이, 콜롬비아, 칠레 등 중남미 총 19개국에서 비즈니스를 펼치고 있다.

2011년 전자상거래 부문 매출 비중이 약 73%, 결제 부문이 약 27%로 큰 차이를 보였다. 그 후 우리나라의 카카오페이, 네이버페이처럼 결제 부문(Mercado Pago)이 매해 눈부신 성장을 기록하면서 2020년에는 전자상거래 부문이 53%, 결제 부문이 47%로 매출 비중이 비슷해졌다. 마치 중국 알리바바의 알리페이, 텐센트의 위챗페이의 성장 스토리와도 흡사한 모습이다.

전자상거래 시장의 발전 가능성

필자가 동남아의 시그룹과 함께 메르카도리브레에 주목하는 이유는 중남미의 인구가 약 6억 5,000명이고 인터넷 사용 인구가 그 절반 수준인데, 전자상거래 사용률은 겨우 5% 수준이라는 점 때문이다. 알리바바가 중국에서 첫 성장을 시작할 때의 모습과 비슷한 느낌이다. 마치 거대한 시장이 이제 막 열리기 시작하는 모습도 보인다.

지난 10년간 아마존의 폭발적인 성장 스토리에 공감하는 분들이라면 중국의 알리바바, 동남아의 시그룹, 중남미의 메르카도리브레의 향후 성장을 계속 주목해야 한다.

제품 리스팅 먼저, 수수료는 판매 후에

일단 전자상거래 쪽을 살펴보자. 앞서 설명했던 아마존, 엣시 등 기존 전자상거래 업체들이 리스팅 수수료(판매할 물건을 등재할 때 받는 수수료)를 받는 것과 달리 메르카도리브레는 무료로 상품을 등재하고, 수수료는 추후에 물건이 판매되는 경우에만 받는다.

이미 1위 사업자

메르카도리브레는 이미 물류 및 배송 관련 인프라와 브랜드 인지도 등에서 압도적인 1위 사업자라는 점도 주목할 만하다. 물론 미국의 아마존이 2위로 치고 올라오고 있지만 현재까지 고객의 사용 GMV(Gross Merchandise Volume. 전자상거래 업체에서 주어진 기간 동안 이뤄진 총 매출액)나 사이트 트래픽, 접속률 등에서 아마존과 2배 이상의 격차를 벌이고 있다. '경로의존성'(과거의 선택이 관성 때문에 쉽게 변화되지 않는 현상)이라는 말이 있듯이 이미 중남미 고객들에게 익숙해진 그들의 높은 진입 장벽은 투자를 하려는 우리에게는 큰 메리트다.

자체 플랫폼 내의 결제 서비스

최근 전체 매출의 절반까지 치고 올라온 결제(핀테크) 분야는 더욱 놀랍다. 알리바바가 알리페이를 통해 성장했듯 메르카도리브레도 자체 플랫폼 내의 결제 서비스를 위한 플랫폼으로 메르카도파고(Mercado Pago)를 출시했다. 2020년 모든 이용 고객의 약 94%가 이 플랫폼을 통해 결제를 했다.

코로나19로 인해 메르카도리브레도 반사이익을 크게 누리고 있다. 매출액 성장과 사용자 급증을 토대로 현재 5% 수준의 전자상거래 침투율을 생각할 때 앞으로 메르카도리브레의 성장성을 주목할 필요가 있다.

캐시리스(Cashless) 사회로의 전환, 금융 플랫폼에 주목하라

중국 공상은행, 제이피모건, 골드만삭스, 하나은행, 신한은행, 국민 은행, 우리은행…. 금융 하면 떠오르는 대표적인 기업들이다. 그러나 시대가 변하면서 카카오페이, 네이버페이, 토스 등이 추가되었다. 미 국은 페이팔의 벤모(Venmo), 스퀘어의 캐시앱(CashApp)이, 중국은 알리바바의 알리페이, 텐센트의 텐페이가 이미 자리를 차지하기 시 작했다. 전통 은행을 필두로 한 금융 업계는 이른바 금융 플랫폼 기 업들과 결전을 벌이고 있다.

스마트폰이 필수품이 된 시대에 플랫폼을 기반으로 한 빠르고 편 리한 금융 서비스는 이제 대세가 되었다. 코로나19 이전에도 아마존 을 필두로 전자상거래가 활발해지면서 결제를 담당하는 금융 플랫폼 기업들의 성장세가 두드러졌지만, 코로나19가 기승을 부리면서 이른바 테크핀(TechFin)* 트렌드가 가속화되었다.

온라인 결제의 빈도가 늘어나고, 정보가 홍수처럼 쏟아지는 상황에서 능동적인 구매를 하는 스마트 컨슈머 또한 증가하고 있다. 게다가 새로운 업체들은 앱 보급을 통한 가입자 수 확보에만 주력하던 초기의 모습에서 벗어나 빠른 결제 기능에 수신 기능까지 결합하면서 전통 은행과 카드사들을 위협하기 시작했다.

새로운 금융 플랫폼들이 보여주는 디지털화와 결제 시스템의 발전을 주도하는 기업들을 살펴보자.

결제 및 핀테크 산업 대표 ETF : ARKF, FINX, IPAY, TPAY

티커	ETF명	자산 총액	설정일	운용 보수 (연간)	3개월 수익률	1년 수익률	3년 수익률
ARKF	ARK Fintech Innovation ETF	3.44B	2019/2/04	0.75%	5.14%	28.01%	N/A
FINX	Global X FinTech ETF	1.27B	2016/9/12	0.68%	10.18%	36.01%	28.78%
IPAY	ETFMG Prime Mobile Payments ETF	1.27B	2015/7/15	0.75%	-2.43%	38.56%	20.79%
TPAY	Tortoise Digital Payments Infrastructure Fund	14.17M	2019/1/31	0.40%	-0.96%	34.68%	N/A

(단위 _ B: 십억 달러, M: 백만 달러 | 출처 _ 2021년 11월 2일 종가 기준, 각 ETF 운용사 팩트시트)

---

* **테크핀(TechFin)** 삼성페이, 네이버페이처럼 IT 업체가 주도하는 기술에 금융을 접목한 금융 서비스.

❶ ARKF, FINX, IPAY, TPAY는 대다수 결제 및 핀테크, 온라인 대출, 디지털 뱅킹 관련 기업에 투자하는 ETF로 운용사가 다르고 각각 자산 총액 및 연간 운용 보수, 투자 섹터 비중의 차이, 투자 종목의 차이 등이 다르다.

❷ ARK인베스트먼트의 ARKF는 최근 비트코인 ETF를 편입하면서 비트코인에 간접투자할 수 있는 대안을 제시하고 있다.

예전 핀테크 관련 ETF에서는 주로 결제나 신용카드 관련 기업인 비자와 마스터카드가 주를 이루었지만, 최근에는 아래처럼 다양한 차세대 결제 업체들이 나타나면서 다양성과 업계의 발전 가능성을 보여주고 있다.

[ARKF ETF 상위 10개 종목]

스퀘어	11.09%
쇼피파이	6.46%
페이팔	5.05%
질로우	5.03%
코인베이스	4.43%
시그룹	4.32%
메르카도리브레	3.91%
트윌리오	3.78%
Adyen	3.75%
핀터레스트	3.28%
TOP10 종목 비중	51.10%

[FINX ETF 상위 10개 종목]

Adyen	7.07%
스퀘어	6.54%
인튜이트	6.53%
페이팔	6.28%
파이저브	6.27%
피델리티	6.08%
코인베이스	4.86%
SS&C 테크놀로지	4.19%
빌닷컴	3.78%
애프터페이	3.65%
TOP10 종목 비중	55.25%

[IPAY ETF 상위 10개 종목]	
스퀘어	7.07%
페이팔	6.76%
비자	6.25%
마스터카드	6.12%
아메리칸익스프레스	5.96%
피델리티	5.86%
Adyen	5.77%
파이저브	5.06%
글로벌 페이먼츠	4.07%
디스커버 파이낸셜	3.15%
TOP10 종목 비중	56.07%

[TPAY ETF 상위 10개 종목]	
도큐사인	5.54%
스퀘어	5.32%
Adyen	5.08%
페이팔	4.95%
비자	4.59%
마스터카드	4.56%
아메리칸익스프레스	4.48%
파이저브	4.43%
피델리티	4.43%
디스커버 파이낸셜	4.33%
TOP10 종목 비중	47.72%

[출처: www.ETF.com, 2021년 11월 2일 기준]

01

현금 없이 사는
글로벌 대표 결제주, 페이팔

기업명 PAYPAL HOLDINGS INC | **티커** PAPL US

● **상장일** 2015년 7월 6일 ● **시가총액(억 원)** 3,333,250
● **1년 수익률(%)** 18.08 ● **3년 수익률(%)** 41.21 ● **배당수익률(%)** N/A

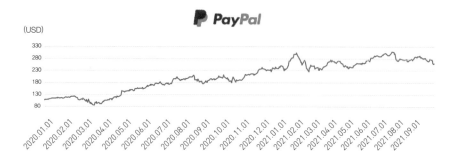

'Hey! Venmo ME.'

우리나라에서 지인들에게 송금을 할 때 카카오페이를 이용하는 경우가 많은데, 미국에서는 페이팔(Paypal)의 벤모가 간편송금 시스템의 대명사가 될 정도로 활성화되어 있다.

'글로벌 대표 온라인 결제 플랫폼'인 페이팔은 우리나라에서도 많이 알려진 기업이다. 우리나라에서는 온라인으로 결제나 송금을 할 때 카카오페이나 삼성페이, 페이코 등의 결제 플랫폼 계정에 개인 신용카드나 직불카드 또는 은행계좌를 등록하고 온라인 결제 시 인증만 하면 간단히 결제하는 방식을 택하고 있다. 페이팔도 동일한 간편 결제 서비스를 제공하고 있다. 비대면이 일상화되면서 페이팔의 수익은 크게 늘고 있다. 총 매출에서 결제수수료가 차지하는 비중이 2019년에는 90% 이상이었고 2021년 1~3분기에 약 92%였다.

중소형 가맹점들을 위한 금융·결제 전략

비대면 결제가 늘고 온라인 전자상거래가 활성화되면서 페이팔은 수혜를 받았다. IT 강국으로 인정받는 우리나라에서야 음식점이나 다양한 상점들까지 카드 가맹 승인을 받지만, 미국을 비롯한 대다수 나라의 중소형 가맹점들은 비자, 마스터카드 등 대기업이 쥐고 있는 비싼 수수료 체계와 낮은 신용도로 인해 카드 가맹 승인을 받기도 어려웠다. 그 사이를 비집고 기회를 창출한 것이 페이팔, 스퀘어 같은 업체다.

페이팔은 기존 비자와 다르게 직접 대표 가맹점 역할을 하며 중소형 가맹점들을 하위 가맹점으로 모집하는 특이한 형태를 취했다. 또한 결제부터 손바닥만 한 간편 POS기, 여신까지 쉽고 저렴하게 제공했다. 이러하니 중소형 영세 가맹점들은 자연스레 페이팔을 선택했다. 그리고 페이팔은 거래 내역 등을 통합 관리하는 솔루션은 물론, 1금융권에서 대출 받기 어려운 점에 착안해 대출 신청 후 바로 소액 대출을 해주는 영역까지 확장 중이다.

영세업자들을 배려한 상생 대출 제도

필자가 페이팔에서 가장 높게 보는 성장 포인트는 상생, 즉 영세업자와 함께 성장한다는 윈-윈 시스템이다. 페이팔의 대출 플랫폼은 '페이팔 워킹 캐피탈(Paypal Working Capital)'인데, 여기서 대출을 받은 가맹점과 대출을 받지 않은 가맹점의 차후 매출 성장성이 극명히 차이 났다고 한다. 공식 IR 자료에 따르면, 만기 1년짜리 대출을 다른 기관에서 받은 업체는 2.6% 이하의 성장성을 보인 반면, 페이팔에서 대출을 받은 가맹점의 약 80%는 25.6%의 높은 성장률을 보였다.

가장 큰 이유는 상환 방식에 있다. 즉 기존 은행권의 만기일시상환, 만기원금이자상환 등의 상환 방식과 달리 페이팔은 결제 솔루션에서 발생하는 매출의 일정 비중을 선취하는 방식으로 대출금을 회수했다. 그렇기에 업체는 대출을 받을 때 월 매출에 맞게 상환 비율을 설정할 수 있고, 대출도 빠르게 받을 수 있다. 장사가 잘 안 되어 매출이 안 나온 달에는 다음 매출이 발생할 때까지 연체료 없이 상환 기간을 늘려주는 서비스를 제공한다. 상생의 비즈니스가 아닐 수 없다.

타 업체들과의 꾸준한 제휴

또한 페이팔은 타 업체와의 제휴도 꾸준하다. 글로벌 양대 카드사인 비자, 마스터카드와 제휴를 맺어 직불 및 신용카드도 출시했고, 구글페이와 우리나라의 삼성페이와도 제휴를 맺었다. 이처럼 타 플랫폼이나 금융사와 제휴를 해서 고객의 불편을 없애고, 본인만 잘사는 것이 아닌 윈-윈하는 구조를 통해 더욱 성장해가고 있다.

결제 분야의 확대

최근 비트코인의 상승세가 무서운데, 페이팔도 그 기세에 일조하기 시작했다. 경쟁 업체인 스퀘어(Square)가 캐시앱(Cash App)을 통해 비트코인 결제를 허용한다고 발표하자 페이팔도 비트코인 결제를 자사 플랫폼에서 허용함으로써 비트코인을 공식적 통화 수단의 하나로 인정한 것이다. 또한 주식 중개까지 직접 서비스하겠다고 밝힌 점도 긍정적으로 평가된다. 이러한 변화들이 앞으로 페이팔의 꾸준한 성장세를 뒷받침해주는 좋은 근거가 될 것이다.

3년 전 페이팔의 인베스터데이(Investor Day)에서 발표된 내용에 의하면 110조 달러의 총 잠재결제 시장(TAM)에서 당시에 적용 가능했던 분야는 P2P, 디지털 결제 등에 불과했다. 그러나 2021년 9월 현재 매장 내 결제, B2C, 신용할부 거래, 암호화폐 결제, QR코드 결제, 공과금 결제 등 총 여덟 분야까지 확대되었다.

페이팔은 시가총액 약 400조 기업으로서 향후 5년간 매출과 주당순이익(EPS)이 연평균 20%씩 성장하는 몇 개 안 되는 기업이다. 중국의 고페이(GoPay)의 지분을 100% 인수하고 중남미, 동남아시아에서도 적극적인 파트너십 체결로 앞으로 더욱 빠른 성장을 기대하고 있다. 페이팔은 현금 없이 사는 사회에서 가장 선두에 있는 기업이라 하겠다.

02

폭발적 성장 중인
글로벌 결제의 라이징 스타, 블록

기업명 Block(구 스퀘어) | **티커** SQ US

● **상장일** 2015년 11월 19일 ● **시가총액(억 원)** 1,384,170
● **1년 수익률(%)** 44.67 ● **3년 수익률(%)** 49.74 ● **배당수익률(%)** N/A

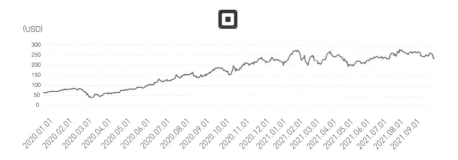

몇 년 전 휴식을 위해 제주도 우도를 찾았을 때 제일 좋아하는 수제 햄버거집에 들렀다. 계산하는 POS기가 보이지 않아 '우도가 워낙 외지니 현금 결제만 되나 보다' 하고 현금을 내려 하자 주인이 "카드도 돼요" 하고는 아이패드를 꺼내 엄지손가락만 한 칩이 달린 곳에 내 신용카드를 쓰윽 긁더니 결제가 다 되었다고 했다. 영수증은 이메일로 받았다.

그 순간의 놀라움을 잊을 수가 없다. 바로 그 기계와 플랫폼이 모바일 간편 POS 장비인 '스퀘어리더(Square Reader)'다. 햄버거를 먹으면서 이 기계를 만든 업체가 상장되어 있는지를 바로 구글링했던 기억이 떠오른다.

영세 가맹점을 위한 원스톱 결제 서비스 제공

앞서 페이팔에서 소개했듯 미국을 비롯한 대다수의 중소형 상점들은 카드 결제 가맹 승인을 받는 것이 하늘에 있는 별을 따는 것 만큼이나 어렵다. 일단 매출이 적은 영세 업체이기 때문에 카드사에서는 높은 수수료 수익을 기대하기 어려울 뿐더러 직접 카드 결제 계좌를 개설하는 것부터 설비를 도입하기까지의 절차와 비용이 만만치 않기 때문이다. 그래서 출입문에 '현금만 받습니다'를 써서 붙일 수밖에 없었다. 블록은 이 점에 착안해 중소형 가맹점들을 페이팔처럼 하위 가맹점으로 둠으로써 부도 리스크를 떠안으면서 POS 결제 기기와 결제 처리 플랫폼 앱과 서비스를 제공하고 카드 결제를 가능케 했다. 그리고 가맹점에 스퀘어리더(모바일 POS기)와 같은 다양한 결제가 가능한 스퀘어터미널(Square Terminal)을 제공했다. 가맹점 입장에서 블록과의 계약만으로 모든 카드 결제 업무가 가능해지는 것이다. 이처럼 블록은 가맹점에 필요한 원스톱 서비스를 제공하면서 빠르게 성장하고 있다.

블록은 2013년에 우리나라의 카카오페이, 토스 송금과 같은 P2P 송금 프로그램인 '캐시앱(Cash App)'을 출시했다. 스퀘어의 분기 실적 IR 자료를 보면, '2-Ecosystems'라는 표현을 강조한다. 가맹점에 제공하는 결제 종합 솔루션과, 일반 소비자에게 캐시앱을 통해 제공하는 송금 및 전자지갑 서비스라는 2개의 독자적인 비즈니스모델 간의 생태계 구축과 유기적인 결합을 의미한다.

가맹점이 제공받는 구체적인 서비스는 오프라인 가맹점 원스톱 POS기 제공, 온라인 PG(전자지급결제 대행), 대출, 여신, 예약 관리, 송장 관리, 고용인 급여 관리, CRM(고객 관리), 송금/결제, 직불카드, 비트코인 결제 등 다양하다. 필자가 만약 삼겹살집을 독자적으로 창업했는데 저런 모든 결제 관련 서비스를 제공해주는 업체가 있다면 반드시 그 업체의 프로그램을 선택했을 것이다.

개인 소비자들을 위한 금융 서비스까지 제공

개인 소비자가 목적인 캐시앱의 서비스는 P2P로 개인 대 개인 간 간편송금 기능을 제공하고 전자지갑(Digital Wallet) 기능, 예금, 체크카드, 리워드 제공, 심지어 주식 투자와 비트코인 투자 기능까지 제공한다. 필자가 삼겹살집을 창업한 사장님이고 매월 21일 월급날마다 블록의 POS기 메뉴 중 '내 급여 관리'에 들어가 '급여 지급' 버튼을 클릭하면 우리 가게 아르바이트생들의 캐시앱 계좌로 바로 송금되어 아주 편하게 일을 할 수 있었다는 스토리로 이해해보면 쉽다.

이게 바로 블록 경영진의 비즈니스 목표다. 비자나 마스터카드 같은 대형 업체들이 받아주지 않는 영세한 가맹점들을 고객화하고, 여기서 나오는 빅데이터를 활용해 가맹점에 대출이나 다양한 결제 서비스를 제공하고, 개인 소비자들에게는 뱅크오브아메리카, 체이스 등 전통 은행의 예금 계좌가 아닌 캐시앱을 통해 간단한 송금부터 예금, 주식 거래, 비트코인 거래 등 쉬운 금융 서비스를 제공하는 것, 그래서 영세한 가맹점과 개인 소비자들이 블록에 의존하게끔 만들어가는 전략인 것이다.

그래서일까? 2021년 2분기 실적 발표에서 매출액이 전년 대비 31% 성장하고, 구독자 390만 명을 공개하며 성장성을 보여주었다. 더불어 BNPL(Buy Now Pay Later) 대표 업체인 호주의 애프터페이(AfterPay)를 인수하면서 외형 성장도 꾀하고 있다.

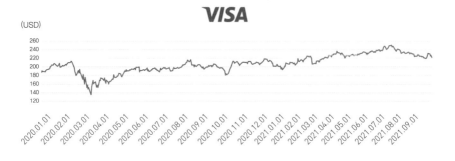

03

글로벌 1위 결제 사업자,
비자

기업명 VISA INC–CLASS A SHARES | **티커** V US

● **상장일** 2008년 3월 19일 ● **시가총액(억 원)** 5,934,682
● **1년 수익률(%)** 15.79 ● **3년 수익률(%)** 18.40 ● **배당수익률(%)** 0.56

우리가 지갑에 하나씩은 가지고 있는 것이 있으니, 바로 'Visa' 로
고가 박힌 신용카드이다. 비자는 전 세계 약 52%라는 압도적인 점
유율을 보유한 세계 1위 결제 사업자다. 미국의 대표적 상업은행인
뱅크오브아메리카(Bank Of America)의 신용카드 사업 부문이 모태
였고, 1976년에 '비자'로 분리된 후 현재까지 그 명망을 이어오고
있다.

비자는 카드 발급사(은행)와 가맹점 사이의 결제망(VisaNet)을 제공

하는 결제 네트워크사로, 단순한 카드사가 아님에 유념해야 한다. 모두 비자를 카드사로만 알고 있는데 이는 잘못된 정보다. 전 세계 200여 개국의 플랫폼, 비자 브랜드 카드를 발급하는 1만 6,000여 개의 금융기관, 약 5,900만 개에 달하는 글로벌 가맹점 고객을 보유해 결제 네트워크를 제공하는 중간자라고 보면 된다. 이 과정에서 비자 카드 보유자가 비자 가맹점에서 카드 결제 시 발생하는 거래 승인, 결제 처리 관련 수수료가 비자의 주요 매출처다. 아마존과 같은 온라인 몰에서의 전자상거래가 활성화되면서 비자는 그 수혜를 톡톡히 입고 있다.

참고로, 코로나19 전까지 비자 주식은 필자에게 효자와 같은 존재였다. 늘 꾸준한 매출 성장과 실적을 기반으로 큰 변동성 없이 어느 시점에 매수해도 우상향이며, 안정적인 매출과 현금흐름, 십수 년째 매해 안정적으로 배당이 성장하는 최고의 주식이었기 때문이다. 그러나 코로나19가 발발하면서 오프라인 상점들의 영업이 제한되고 매출이 급격하게 하락하면서 단기 매출과 주가가 하락하고 말았다. 물론 전자상거래의 활성화로 디지털 결제 매출이 상승하면서 오프라인에서 줄어든 매출을 어느 정도 방어했다.

코로나19 이후 결제와 관련해 가장 뚜렷한 변화는 신용카드 사용률의 하락과 체크카드 사용률의 증가다. 여행, 외식보다 생활비 사용률이 증대됐고, 이에 따라 외상거래 개념인 신용카드보다 보유한 현금 내에서 소비하는 체크카드의 사용률이 늘어난 탓이다. 특히 오프라인에서의 현금 결제보다 체크카드의 사용률 증가세가 월등히 높아

겼는데, 이러한 추세는 향후에도 지속될 것으로 보인다.

압도적 해자(Moat)

필자가 늘 비자 주식을 담았던 것은 압도적인 해자(Moat)를 지니고 있어서다. 서두에서 말했듯 전 세계 모든 사람의 지갑 속에 비자 카드가 최소 1개씩은 있다고 보면 전 세계 어디를 가도 비자 가맹점에서는 비자 카드로 결제가 가능한 것인데, 이는 엄청난 네트워크가 이미 갖춰졌다는 의미이기 때문이다.

전자상거래의 증가로 인한 엄청난 영업이익률

전자상거래에서도 웬만한 결제는 비자, 마스터, 페이팔 등으로 하기에 전체적인 온·오프라인 결제금액이 증가하면 비자는 앉아서 돈을 버는 1위 사업자가 된다. 그리하여 늘 영업이익률 50~60%를 넘나드는 엄청난 마진율을 자랑한다. 손 안 대고 코 푸는 최고의 비즈니스를 쥐고 있는 셈이다.

참고로 전 세계 PC 운영체제의 약 97% 이상을 독점하고 있는 마이크로소프트의 윈도우나, 전 세계 모바일 운영체제의 약 70% 이상을 점유한 구글의 안드로이드를 생각해보면, 플랫폼을 갖춰놓고 그 생태계 안에서 고객들이 꾸준히 수익을 가져오는 비즈니스가 얼마나 강력한지를 알게 될 것이다.

페이팔, 스퀘어, 스트라이프, 어펌 등 다양한 핀테크 업체들이 등장하고 있지만 비자는 이들과의 제휴를 통해 향후 더욱 큰 성장을 만들어가게 될 것이다.

재택과
비대면의 시대

전 세계적으로 코로나19 팬데믹이 장기화되면서 사람들의 야외활동은 줄어들고, 학교 및 학원의 휴업이 길어지고, 쇼핑 활동도 직접 매장 방문이 아닌 전자상거래로 바뀌어가고 있다. 특히 눈에 띄는 변화는 재택(Stay-at-home & Work from home)이 증가하고 있다는 것인데, 이미 미국의 기업들은 재택근무 비중을 늘려가고 있었으나 이번 코로나19 사태로 재택근무가 보편적인 근무 형태로 자리 잡을 가능성이 높아졌다.

사실상 미국의 주요 기업들의 대다수는 2020년 3월부터 직원들에게 재택근무를 권고하고 있다. 일본은 코로나19를 계기로 재택근무 비율이 49%까지 확대된 것으로 알려지고 있다. 우리나라도 마찬가지 추세를 보이는데, 상사를 직접 만나 결재를 받던 관행이 전자결재로 바뀌는 추세이며, IT 기술의 발달로 큰 불편함 없이 온라인을 통한 근무가 가능해진 상태다.

또한 직접 대면해야 할 수 있었던 부동산 중개도 이제는 온라인 플랫폼을 통한 중개로 방식이 달라지고, 의사를 만나 받던 진료를 원격으로 받고, 심지어 반려동물도 원격으로 진료한다. 스포츠를 직접 보러 갈 수 없어 TV나 인터넷을 통해 중계를 시청하고 스포츠 게임이나 스포츠 베팅까지 하는 트렌드로 바뀌고 있다.

코로나19 백신이 보급되면서 외부활동과 경제 재개에 대한 기대감이 높은 것이 사실이지만 재택과 비대면 활동의 이점을 이미 경험했기에 지금의 추세는 앞으로 유지되거나 활성화될 것이라 생각한다.

재택근무 산업 대표 ETF : WFH

티커	ETF명	자산 총액	설정일	운용 보수 (연간)	3개월 수익률	1년 수익률	3년 수익률
WFH	Direxion Work From Home ETF	268.16M	2020/6/25	0.45%	2.20%	44.58%	N/A

(단위 _ M: 백만 달러 | 출처 _ 2021년 11월 2일 종가 기준, 각 ETF 운용사 팩트시트)

❶ WFH는 ETF의 이름(Direxion Work From Home ETF)에서도 알 수 있듯이 재택근무 관련 기업에 투자하는 ETF다. 비대면으로도 재택근무로도 업무가 가능한 관련 종목들로 구성되어 있다. 재택근무에서는 거의 필수적이라 볼 수 있는 업무 결재 등의 수혜 기업인 도큐사인, 문서 및 영상 작업에 꼭 필요한 프로그램을 제공하는 어도비 등이 주요 편입 기업이다. 코로나19가 종식되더라도 해당 기업들의

기술력과 비대면을 통한 편리함을 추구하는 기술은 계속 발전할 것이기에 이 ETF 및 이 ETF가 보유하고 있는 기업들은 꾸준히 수혜를 입을 것으로 예상한다.

[WFH ETF 상위 10개 종목]

포티넷	3.67%
프루프포인트	3.41%
메타플랫폼스	3.35%
도큐사인	3.19%
어도비	3.18%
알파벳A(구글)	3.11%
오라클	2.99%
마벨 테크놀로지	2.97%
뉴타닉스	2.94%
아메리카 모빌 SAB	2.91%
TOP10 종목 비중	31.72%

[출처: www.ETF.com, 2021년 11월 2일 기준]

코로나19로 달라진 해외주식 시장!
무엇을 보고, 어떤 주식에 투자해야 할까?

01

미국판 직방! 미국판 네이버부동산!
부동산 중개 플랫폼 1위, 질로우

기업명 ZILLOW GROUP INC-C │ **티커** ZG US

● **상장일** 2011년 6월 20일　●**시가총액(억 원)** 278,617
●**1년 수익률(%)** −4.01　●**3년 수익률(%)** 32.37　●**배당수익률(%)** N/A

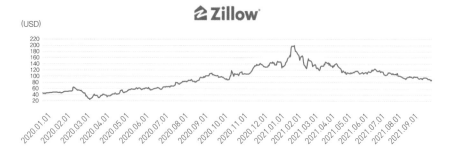

미국 대표 프롭테크(Propriety+Tech) 기업으로 떠오른 질로우
(Zillow)는 2006년 미국에서 설립된 부동산 정보 제공 및 중개 플랫
폼으로 우리나라의 직방, 다방, 네이버부동산, 부동산114와 비즈니
스 구조가 같다. 코로나19는 미국을 포함해 전 세계적으로 부동산 매
물을 직접 보여주는 것 자체를 꺼리게 만들었다. 그러나 질로우에서
는 매물의 주소만 입력하면 주택의 내부 사진, 빅데이터를 통한 적정
가격 산출, 과거 부동산 거래 내역, 실거래가, 적정 임대료 산출, 모기

지 상환 추정액, 담당 부동산 중개업자, 인근 학군의 평점까지 모든 것을 한눈에 볼 수 있다. 심지어 일부 매물은 얼마 전 인수한 3D 홈 투어 솔루션 회사인 '쇼잉타임'이 제공하는 3D 올라운드 소개 동영 상 및 사진도 볼 수 있어서, 직접 방문하지 않아도 마치 가서 보는 것처럼 매물을 구경할 수 있다.

미국 부동산 매물 데이터를 전국적으로 통합

미국에 거주하는 분들의 얘기를 들어보면, 지인의 집으로 초대받아 갈 경우 그 집을 찾느라 헤매지 않기 위해서 질로우로 미리 주택의 대문이나 주차장 위치 등을 확인하고 간다고 한다. 그 정도로 질로우는 미국에서 요긴하게 쓰이고 있다.

2020년 기준으로 미국의 전체 주택 수는 1억 5,685만 채인데 질로우는 이 중에서 약 97%에 달하는 1억 5천만 채의 주택 정보를 확보하고 있다. 원래 미국은 각 주마다 지역 특화 부동산 정보 제공 업체들이 이미 카르텔을 형성해서 그들만의 매물을 가지고 있는 것이 일반적이었는데, 질로우는 이들로부터 정보를 사들여서 주별로 존재하던 매물 데이터를 전국적으로 통합해 영향력을 키워가고 있다. 구글에서 미국 주택 주소지를 검색하면 대부분 질로우의 분석 사이트로 연결된다. 2021년 3분기 기준 질로우닷컴의 3개월간 방문자 수는 약 23.4억 명으로 하루 평균 약 3,000만 명이 방문했을 정도로 어마어마하다.

특히 질로우가 크게 성공할 수 있었던 것은 방대한 부동산 데이터를 바탕으로 디지털화가 가장 덜 된 섹터인 부동산 시장을 '디지털화'했다는 점이다. 구글이나 아마존의 빅데이터 활용처럼 방문자의 관심사나 검색 기록 등을 분석해 적합한 매물을 추천해주는 '베스트 매치(Best Match)' 기능도 제공한다. 그리고 매매가 및 임대료를 빅데이터를 통해 산정해서 제시해주는 '제스티메이트(Zestimate)'는 이미 잠재적인 거래 표준가격으로 받아들여지고 있다.

최근 경쟁사인 오픈도어(Opendoor. 티커: OPEN US)의 2020년 최근 IR 자료를 읽어보면 중고차, 음식 그리고 부동산 시장을 이야기하면서 중고차 거래 앱인 카바나, 차량 공유 앱인 우버와 비교한다. 그러면서 '미국 부동산 거래 시장은 가장 큰 1.6T/yr(1.6조 달러)에 육박하나 질로우와 같은 프롭테크 기업의 점유율은 이제 1%'라는 점을 강조하는 것이 눈에 띈다. 앞으로 그들만의 리그였던 부동산 시장이 디지털화되고 그 점유율이 늘어날수록 질로우의 이익도 늘어날 것으로 예상된다. 경쟁 업체인 레드핀(Redfin)과 오픈도어(Opendoor)도 함께 주목할 만하다.

중국판 직방! 중국판 네이버부동산!
부동산 중개 플랫폼 1위, KE홀딩스

기업명 KE HOLDINGS INC-ADR | **티커** BEKE US

● **상장일** 2020년 8월 13일 ● **시가총액(억 원)** 352,966
● **1년 수익률(%)** −66.80 ● **3년 수익률(%)** N/A ● **배당수익률(%)** N/A

중국 1위 부동산 온·오프라인 통합 중개 플랫폼인 KE홀딩스(KE Holdings. 중문명: 베이커)는 2001년 부동산 중개 체인인 리앤지아(Li-anJia) 운영으로 설립된 후 2018년에 부동산 중개 온·오프라인 통합 플랫폼 베이커(BeiKe)를 출시했다. 그리고 약 18년간의 노하우로 부동산 중개 디지털화를 주도하면서 단시간에 부동산 온라인 플랫폼 생태계를 구축했다. 성장 과정에서 중국판 카카오톡으로 불리는 텐센트(Tencent), 미다스의 손으로 불리는 손정의 회장의 소프트뱅크

(Softbank), 힐하우스(Hillhouse) 등의 투자 유치로 산업 성장성 및 기술력을 인정받았다.

그러나 처음부터 쉬운 것은 아니었다. 중국인들은 기본적으로 상인 마인드가 강해 손해 보는 일을 하지 않고 상대방에 대한 신용과 신뢰를 중요시 여긴다. 그리하여 마윈의 알리바바도 초기에 쇼핑몰의 구매자와 판매자가 "돈을 보내라", "물건부터 보내라"라며 실랑이를 벌이는 바람에 거래가 활성화되지 못하는 문제가 생겼었다. 그리하여 알리바바가 중간에서 결제를 대행해주고 대금 지급을 책임지고 처리해주는, 이른바 에스크로(Escrow) 서비스를 도입했고, 그때부터 폭발적인 성장이 시작됐었다.

중국의 부동산 중개도 마찬가지였다. 부동산 중개는 판매자와 구매자가 그 장소에 직접 방문해서 구두로 거래하고 거액의 거래대금이 오가는 업무다 보니 '대면이 중시'되었다. 아쉽게도 중개상 간의 경쟁 심화에 따른 정보 단절 등으로 거래 투명성은 저해되었고, 어쩌면 디지털화가 가장 필요한 산업이면서도 폐쇄적인 특성 때문에 진입이 어려운 시장이기도 했다.

온라인 부동산 거래로
오프라인 부동산 거래의 고질적 문제 해결

KE홀딩스는 이러한 오프라인 부동산의 한계를 타파하기 위해 ACN(Agent Cooperation Network)을 도입한다. ACN의 장점은 부동산 중개 과정을 10단계로 세분화해 거래 과정에서 중개상들의 기여도만큼 수익 배분이 이뤄지고, 거래의 전 과정이 데이터로 기록된다는 점이다. 베이커 플랫폼에서 활동하는 중개상들은 기여도에 따라 수익이 정확히 배분되니 이득이고, 판매 및 구매를 하는 개인들은 정보의 투명성으로 신뢰감이 증대됐다. 이는 오프라인 부동산 거래의 고질적 문제인 가격 정보의 비대칭성, 거래 프로세스의 비표준화, 중개인에 대한 낮은 신뢰도 등의 문제점을 해소하면서 중요한 성장 포인트가 되었다.

지속적인 성장이 기대되는 중국 부동산 시장

여기서 중국 부동산 시장의 현황과 전망을 살펴보면, 주택 거래 글로벌 1위인 중국은 신규/기존 주택 총 거래금액(GTV) 및 매매 건수 기준으로 이미 글로벌 1위 시장이다. 향후에도 주택 수요 증가, 정부의 주택 시장 안정화 정책을 기반으로 지속적인 성장이 기대된다.

특히 중국의 부동산 거래 활성화로 중개 서비스를 통해 거래되는 금액은 2019년 10.5조 위안에서 2024년 19.1조 위안으로 연평균 12.7% 증가할 것으로 기대하고 있다. 이에 따라 부동산 총 GTV에서 중개 서비스 침투율은 2019년 47.1%에서 2024년 62.2%까지 증가할 것으로 예상한다.

특히 기존 주택 거래 대금은 2019년 5.9조 위안에서 2024년 10.8조 위안으로 연평균 12.9% 증가하며 부동산 중개 서비스 시장

성장의 견인이 기대되는데, 기존 주택 거래의 중개 서비스 비중은 이미 90%로 활성화되어 있다. 이에 따라 부동산 중개 서비스 수수료 수입은 2019년 2,515억 위안에서 2024년 5,078억 위안으로 연평균 15.1%의 성장이 기대된다. 따라서 부동산 중개 시장을 선점하는 기업의 중장기 실적 및 외형 성장을 기대해볼 수 있다.

이런 부분 때문인지 2020년 글로벌 액티브 ETF 중 가장 높은 수익률을 자랑했던 캐시우드(Cathie Wood)가 이끄는 ARK인베스트먼트의 ETF에 KE홀딩스도 편입되어 있다. 미국의 질로우, 레드핀과 함께 중국의 1위 프롭테크 기업으로 G2의 각국 부동산 프롭테크 대장주로 이름을 알리고 있다.

그러나 중국 기업은 중국 정부의 규제에 노출되어 있다는 점이 리스크이다. 이 부분을 염두에 두고 지켜보자.

미국 1위 전자서명 & 결재 기업, 도큐사인

기업명 DOCUSIGN INC | **티커** DOCU US

● **상장일** 2018년 4월 27일　● **시가총액(억 원)** 636,309
● **1년 수익률(%)** 27.81　● **3년 수익률(%)** 86.19　● **배당수익률(%)** N/A

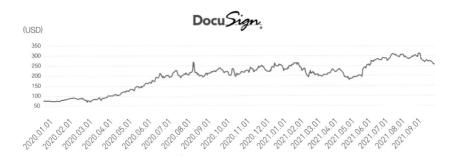

(USD)

"부장님, 결재 좀 부탁드립니다!"

"결재판 가져오지 말고 전산으로 도큐사인하게."

코로나19의 영향으로 대면 결재는 점점 줄어들고 온라인을 통한 전자서명이 활성화되기 시작했다. 도큐사인(Docusign)은 미국에서, 계약 체결의 전 과정을 자동화하고 디지털로 처리 및 관리하는 솔루션을 제공하는 전자서명&문서 관리 플랫폼 1위 사업자로서 전자서명 및 결재 시장에서 막강한 경쟁력을 보여주고 있다. 최근 4년 매출액이 연평균 40% 성장했으며, 향후 3년 연평균 성장 예상치가 28%인 고성장 기업이다. 그리하여 혁신 기업에 투자하는 대표적 운용사인 ARK인베스트먼트의 ETF에 늘 편입되어 있는 기업 중 하나다.

전 세계 82.2만 명의 사용자 계좌를 보유했고, 포춘 500 기업 중에서 300개 이상이 도큐사인의 고객사일 정도다. 2003년 설립되었고,

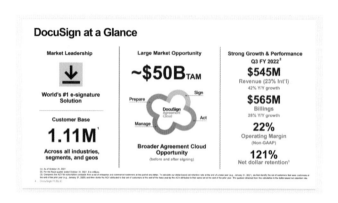

도큐사인 공식 IR 자료

2005년에는 부동산 문서용 전자서명, 2010년에는 아이폰과 아이패드용 전자서명, 2012년에는 페이팔과 파트너십을 체결하면서 그 확장성을 증명해왔다.

더욱 확장되는 글로벌 전자서명 시장

글로벌 전자서명 시장은 2018년 8.7억 달러에서 2026년 61억 달러로 연평균 약 23% 성장할 것으로 기대되고 있다. 미국, 캐나다는 이미 2000년부터 전자서명을 허용했고, 한국과 유럽 등 일부 국가는 현재 법률 개정이 진행 중이다. 우리나라도 공인인증서가 폐지되면서 다양한 전자서명 프로그램이 경쟁적으로 등장하기 시작했다.

미국 정부가 공식 사업자로 선정

미국에서는 코로나19 사태로 민간을 넘어 정부의 전자서명 전환이 가속화되었다. 지방정부의 긴급실업수당 지급 프로세스를 간소화했고, 코로나19 재난지원금 지급 등 신청 프로세스에서 도큐사인의 프로그램이 공식 사업자로 선정되면서 관련 수혜를 누렸다.

미국 정부가 공식 사업자로 선정해서 사용한다는 것은 큰 의미를 지닌다. 아마존과 마이크로소프트의 클라우드가 미국 펜타곤 등 정부의 발주를 대규모로 따내면서 큰 수익을 올렸고, 한번 도입되면 꾸준히 사용되는 정부 발주의 혜택을 앞으로도 누릴 것으로 예상되기 때문이다. 도큐사인 역시 앞으로 그러할 것으로 보인다. 그리고 대다수의 법인 및 정부 기관에서도 서면결재가 아닌 전자결재를 본격적으로 사용하기 시작한 만큼 앞으로 전자결재 시장을 주도할 도큐사인을 계속 주목할 필요가 있다.

04

미국 대표 반려동물 온라인 쇼핑몰, 츄이

기업명 CHEWY INC-CLASS A | **티커** CHWY US

● **상장일** 2019년 6월 14일 ● **시가총액(억 원)** 323,441
● **1년 수익률(%)** 3.29 ● **3년 수익률(%)** N/A ● **배당수익률(%)** N/A

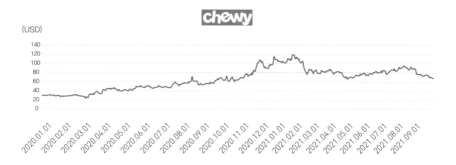

츄이(Chewy.com)는 '반려동물계의 아마존'이다. 아마존이 진출했지만 아직 아마존화되지 않은 영역이 몇 개 있다. 앞서 소개했던 핸드메이드 수제품 시장과, 츄이가 활약하고 있는 반려동물용품 분야다. 물론 아마존에서도 반려동물용품을 전자상거래로 서비스하고 있지만, 여전히 쇼핑몰 점유율 기준으로 1위는 츄이다.

우리나라에서도 출산율은 역대 최저를 기록 중이지만 반대로 반려동물 양육 인구는 점점 증가하고 있다. 자신이 키우는 강아지나 고

양이를 마치 자식처럼 소중히 여기는 사람들이 점차 늘어나고 코로나19가 확산되면서 반려동물 인구와 용품의 매출이 기하급수적으로 늘어 펫코노미(Pet+Economy)라 부를 정도로 시장이 커지고 있다.

츄이는 미국의 오프라인 1위 업체였던 펫스마트(PetSmart)를 2017년에 인수하면서 2020년 기준 시장점유율 34.5%를 기록해 시장점유율 15.4%인 펫코(Petco)를 제치고 시장 1위 사업자가 되었다. 미국의 반려동물 시장 규모도 약 1,000억 달러(약 11조 원) 규모로 성장하면서 매해 평균 5~7%씩 성장할 산업으로 보고 있다.

정기배송 서비스로 향후 성장이 기대

츄이의 대표적인 서비스는 정기배송 서비스다. 반려견들이 먹는 사료를 매번 개별 구매하는 불편함을 없애기 위해 츄이가 론칭한 서비스로, 정기적으로 구매해야 하는 상품을 할인된 가격에 배송해주는 것이다. 넷플릭스의 구독(Subscription)과 유사한 형태로, 매월 정기 요금을 지불하면 된다. 매번 힘들게 직접 매장에 가서 사거나 온라인에서 구매해야 하는 것을 더 저렴한 가격에 정기적으로 보내준다는데 이용 안 할 사람은 없을 듯하다. 마치 통신사가 매월 통신요금이 수취되어 안정적인 현금 보유와 높은 재무 건전성을 갖거나, 매월 구독 형식으로 과금이 되는 아마존, 마이크로소프트 클라우드 사업의 높은 사업적 가치처럼 츄이 역시 매월 과금되는 정기배송 서비스로 인한 수익 구조는 향후 성장을 정당화할 수 있게끔 한다.

"난 반려동물에게 쓰는 돈이 아깝지 않아!"라고 외치는 사람들이 많아질수록 츄이의 매출은 앞으로 꾸준히 늘어날 것이다. 아마존이나 월마트와의 경쟁은 늘 염두에 두어야 하겠지만, 앞으로의 성장성에 계속 주목해야 한다.

데이터 솔루션,
클라우드 비즈니스의 성장

'Data is Future Oil(데이터가 미래의 원유다)'라는 말이 나올 정도로 데이터는 4차 산업의 핵심이고, 데이터를 보관하고 활용하는 솔루션인 클라우드(Cloud) 비즈니스는 앞으로 우리 세대의 미래라고 볼 수 있다.

아마존, 마이크로소프트, 구글, 알리바바, 킹소프트 클라우드 등 전 세계 대표 클라우드 업체들이 치열한 경쟁을 벌이고 있다. 4차 산업의 특징은 데이터가 범람한다는 것이다. 미래에셋증권 리서치 자료에 따르면, 테슬라를 필두로 한 자율주행 자동차에 대한 관심이 높아지는데 이때 자율주행 차량 1대가 하루 동안 생산하는 데이터 양만 약 4TB(4TB는 3,000명이 3년 동안 인터넷을 사용할 때 나오는 데이터)라고 한다. 이러한 엄청난 양의 데이터를 저장하고 다양한 용도로 딥러닝하는 등 이 모든 역할을 해주는 것이 클라우드다.

클라우드 컴퓨팅은 쉽게 말하면 'IT 임대'라고 보면 된다. 매월 비용을 내고 데이터 서버 및 저장 공간, 데이터 활용, 딥 러닝, 업무용 SW 제공, 경영 솔루션, 보안 등을 종합적으로 서비스받는 개념이기 때문이다.

4차 산업에서 강조하는 자율주행, 딥 러닝, 사물인터넷 등 수많은 영역에서의 핵심은 클라우드 기반일 수밖에 없다. 코로나19가 클라우드의 대전환에 더 큰 기여를 했지만, 코로나19 이후에도 클라우드는 계속 커질 수밖에 없는 산업이다.

글로벌 클라우드 산업 대표 ETF : SKYY, CLOU

티커	ETF명	자산 총액	설정일	운용 보수 (연간)	3개월 수익률	1년 수익률	3년 수익률
SKYY	First Trust Cloud Computing ETF	6.30B	2011/7/05	0.60%	2.30%	27.16%	27.44%
CLOU	Global X Cloud Computing ETF	1.58B	2019/4/12	0.68%	10.75%	34.93%	N/A

(단위 _ B: 십억 달러 | 출처 _ 2021년 11월 2일 종가 기준, 각 ETF 운용사 팩트시트)

❶ SKYY는 미국의 대표적인 클라우드 ETF로 서비스형 인프라(IaaS), 서비스로서의 플랫폼(PaaS), 서비스로서의 소프트웨어(SaaS) 등 3개 비즈니스를 영위하는 기업에 균형 있게 분산해 투자하는 ETF다.

❷ CLOU는 우리나라의 미래에셋자산운용이 인수한 글로벌

X(GlobalX)가 운용 중이다. SKYY와 보유 종목에서 차이가 나며, 약 60여 개 종목을 투자하는 SKYY와 다르게 CLOU는 약 33개로 압축 분산 투자한다. 대형주가 많은 SKYY와 다르게 CLOU는 중소형 기업도 많고 성장성이 높은 SaaS 관련 기업의 비중이 65% 이상으로, 변동성이 상대적으로 높다는 사실에 유의해야 한다.

[SKYY ETF 상위 10개 종목]

마이크로소프트	3.92%
아마존닷컴	3.84%
알파벳A(구글)	3.82%
오라클	3.80%
아리스타 네트웍스	3.77%
몽고DB	3.51%
VM웨어	3.39%
랙스페이스 테크놀로지	3.06%
알리바바	2.97%
루멘 테크놀로지	2.63%
TOP10 종목 비중	34.70%

[CLOU ETF 상위 10개 종목]

지스케일러	4.95%
쇼피파이	4.94%
트윌리오	4.56%
드롭박스	4.52%
줌비디오	4.41%
페이콤 소프트웨어	4.23%
페이로시티 홀딩스	4.19%
세일즈포스	3.91%
아카마이 테크놀로지	3.78%
워키바	3.72%
TOP10 종목 비중	43.21%

[출처: www.ETF.com, 2021년 11월 2일 기준]

코로나19로 달라진 해외주식 시장!
무엇을 보고, 어떤 주식에 투자해야 할까?

01

글로벌 대표 클라우드 Big 3,
아마존 & 마이크로소프트 & 알파벳(구글)

빅데이터를 통해 전 세계적으로 매출 상승을 이룬 세 기업이 있다.
바로 Big 3라 불리는 아마존, 마이크로소프트, 구글이다.

기업명 AMAZON.COM INC | **티커** AMZN US

● **상장일** 1997년 5월 14일　● **시가총액(억 원)** 19,995,701
● **1년 수익률(%)** 5.50　● **3년 수익률(%)** 23.24　● **배당수익률(%)** N/A

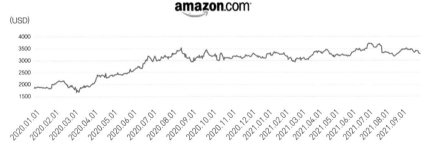

기업명 MICROSOFT CORP | **티커** MSFT US

● **상장일** 1986년 3월 13일 ● **시가총액(억 원)** 27,313,233
● **1년 수익률(%)** 43.68 ● **3년 수익률(%)** 42.89 ● **배당수익률(%)** 0.80

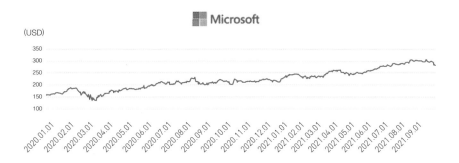

기업명 ALPHABET INC–CL A | **티커** GOOGL US

● **상장일** 2004년 8월 19일 ● **시가총액(억 원)** 21,632,123
● **1년 수익률(%)** 70.84 ● **3년 수익률(%)** 35.13 ● **배당수익률(%)** N/A

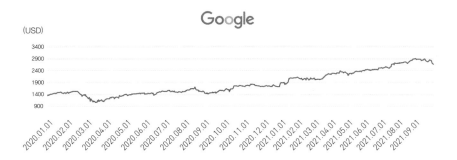

글로벌 전자상거래 대표 기업인 아마존은 고객마다 첫 홈페이지 화면이 다르게 구성된다. 고객이 사이트에 들어와서 검색했던 검색어와 카테고리를 빅데이터를 통해 클라우드에 저장해두었다가 스스로 고객의 성향을 분석해 그 고객이 다음에 다시 아마존 사이트를 방문할 때 가장 선호할 만한 제품의 DM이나 할인 관련 화면을 띄워준다. 이런 빅데이터를 통한 고객 맞춤형 솔루션 제공으로 매출이 급성장한 것이 아마존의 빅데이터 활용 능력과 클라우드의 원천이 되었다. 그리하여 2020년 기준으로 글로벌 클라우드 점유율 1위는 약 52%인 아마존웹서비스(Amazon Web Service)가 차지했고, 2위는 약 28%인 마이크로소프트의 애져(Azure), 3위는 구글 클라우드다.

마이크로소프트도 전 세계 PC 운영체제에서 약 99%를 점유하고 있는 오피스(Office) 프로그램을 구독(Subscription) 방식으로 변경하고 클라우드를 통한 월 과금 형태로 변경하면서 클라우드로의 전환에 빠르게 성공했다.

구글 역시 애초부터 엄청난 소프트웨어와 인터넷 기반의 데이터를 확보했던 회사로서 클라우드 사업자의 지위를 강화해가고 있다.

그러던 중에 2020년에 시작된 코로나19 팬데믹은 3개의 클라우드 대장 업체에 더 큰 기회를 주었다.

클라우드 서비스 시장의 확장에 따른
Big 3의 시장 지배력 확대

하나금융투자 리서치에 따르면 코로나19는 클라우드 서비스 시장이 중장기적으로 성장 속도를 한 단계 더 올리는 기폭제가 되었고, 앞으로도 클라우드 서비스 인프라(IaaS/PaaS) 부문과 소프트웨어(SaaS) 시장 모두 기존 예상보다 성장세가 강할 것으로 보고 있다. 클라우드 서비스(IaaS/PaaS) 시장의 확장 속에서 뚜렷하게 두드러지는 특징은 Big 3의 시장 지배력이 확대되고 있다는 점이다.

아마존웹서비스(클라우드) 2013~2020년 연평균 매출 추이

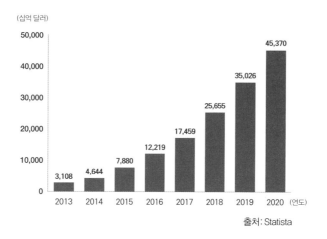

(십억 달러)

출처: Statista

전체 클라우드 서비스 시장이 커지면서 동시에 Big 3가 차지하는 비중도 빠른 속도로 확대되고 있다. 또한 기업의 '더블 멀티' 서비스 전략은 서비스를 선택할 때 퍼블릭과 프라이빗 부문에서 각각 1개

사업자가 아닌 부문별로 2개 이상의 서비스를 채택하고 있으며 이는 Big 3 모두에 성장 기회를 넓히는 기회가 될 것으로 보인다.

퍼블릭 강자인 아마존은 프라이빗 서비스의 론칭과 확대에 집중하고 있으며, 그 효과가 최근 실적과 조사에서 나타나고 있다. 그동안 마이크로소프트에 뒤처졌던 '하이브리드' 전략 부문에서 경쟁력을 높이면서 시장 확대의 속도를 높일 수 있을 것으로 보인다. 최근 2~3년간 가장 크게 약진한 마이크로소프트는 하이브리드 강자로서 여전히 수혜가 클 것으로 보인다.

가장 포괄적인 프라이빗 서비스 라인업에 소프트웨어 서비스까지 제공하는 복합 사업자라는 강점은 대기업 기반의 시장에서 점유율을 확대하는 데 있어 여전히 우세한 경쟁력이다. 구글은 아직 선두권과는 격차를 보이지만 이전 대비 상승세를 타기 시작했다는 점에서 긍정적이다.

참고로, 아마존 클라우드의 대표적인 고객사로 '넷플릭스'를 꼽을 수 있다. 이전의 넷플릭스는 매일 늘어나는 콘텐츠와 실시간 스트리밍을 해줘야 할 고객 수를 감당하지 못해서 각 지역에서 송출되는 영상 스트리밍이 끊기기 일쑤였다. 그래서 자체 데이터센터의 콘텐츠 저장 및 스트리밍에 들어가는 비용을 줄이고 더 나은 서비스를 제공하기 위해 아마존웹서비스(AWS)와 계약을 하고 모든 콘텐츠를 AWS에서 송출하는 방식으로 바꾸었다. 그 뒤로 끊김 현상이 줄어들고, 자체 데이터센터를 유지할 때보다 비용을 더 효율화할 수 있었다.

아마존과 마이크로소프트 그리고 구글 클라우드까지, 각자의 강점과 영역이 명확한 이 기업들이 클라우드 시장을 주도하면서 세상은 조금씩 바뀌고 있다. 4차 산업의 미래가 이 Big 3에 있다고 해도 과언이 아니다.

02

클라우드 비즈니스와
디자인 업계의 최강자, 어도비

기업명 ADOBE INC | **티커** ADOBE US

●**상장일** 1986년 8월 1일 ●**시가총액(억 원)** 3,573,531
●**1년 수익률(%)** 31.81 ●**3년 수익률(%)** 36.38 ●**배당수익률(%)** N/A

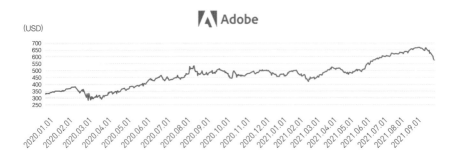

바야흐로 영상의 시대다. 이제 페이스북, 인스타그램, 카카오스토리에는 사진보다 영상이 더 많이 보인다. 게다가 5G와 무제한데이터 요금제가 표준이 되면서 너도나도 부담 없이 영상을 볼 수 있게 되었다. 사진 편집을 의미하는 '뽀샵'(포토샵으로 사진을 수정한다는 유행어)과 영상을 편집하는 프리미어 프로그램은 이제 익숙한 것들이 되었고, 유튜브와 넷플릭스를 보지 않는 사람은 찾기 어려워졌다.

물론 필자도 유튜브 프리미엄과 넷플릭스를 정기 결제하며 시간이 날 때마다 영상을 본다. 게다가 코로나19로 전 세계인들이 재택하는 시간이 늘어나면서 이들 동영상 서비스에 대한 수요는 더욱 늘어나는 중이다.

너도 나도 유튜버를 꿈꾸는 시대

또한 많은 젊은이들의 장래희망이 유튜버일 정도로 너도 나도 유튜버를 꿈꾸는 시대가 됐다. 쉽게 말해, 시청만 하던 수동적인 자세에서 자신의 영상과 콘텐츠를 내 손으로 직접 만들어보겠다는 욕구가 강해졌다. 이러한 상황에서 수혜를 보는 기업이 바로 어도비(Adobe)다. 어도비는 포토샵, 영상 편집 프로그램인 프리미어, 일러스트레이터, 아크로뱃리더(PDF) 등으로 유명한 기업이다.

일상에 스며든 프로그램들

코로나19가 아니었더라도 우리는 어도비 제품들을 일상에서 자연스럽게 쓰고 있었다. 웬만한 전자문서는 PDF로 보고, 포토샵을 수시로 사용한다. 어도비는 사진이나 동영상 등 디자인 관련 소프트웨어의 대표 기업이다. 디지털 디자인계의 기준이자 표준이다.

특히 최근에 유튜버들을 겨냥해 출시한 '프리미어 러시(Premier Rush)'는 초보자도 쉽게 동영상을 편집할 수 있어 필자와 같은 영상

초보들도 손쉽게 접근할 수 있다. 마이크로소프트의 오피스처럼 어도비 프로그램도 예전에는 소프트웨어 CD를 구매해서 PC에 다운로드해 썼지만 이제는 고객들이 온라인에서 결제하고 구독해 사용한다.

빅데이터를 이용한 디지털 마케팅

최근 빅데이터 분석을 통한 핀포인트 마케팅이 강조되면서 아마존과 어도비를 비롯한 여러 업체들이 빅데이터를 이용한 디지털 마케팅에 초점을 맞추기 시작했다.

2009년 마케팅 분석 비즈니스를 시작해 현재는 해당 시장의 글로벌 시장 점유율 1위를 지키고 있으며, 디지털 마케팅 사업을 맡은 '크리에이티브 클라우드(Creative Cloud)' 사업부 매출이 어도비 전체 매출의 약 60%를 차지할 정도다. 코로나19 사태로 소프트웨어 및 클라우드 기업들에 관심이 쏠리는 상황에서 어도비의 이 같은 사업 구조는 투자를 하려는 우리로 하여금 더욱 매력을 느끼게 한다.

재택근무의 장기화로 디지털 및 클라우드 소프트웨어의 활용도가 높아지면서 자연스레 어도비의 미래에 대한 기대감이 높아질 것이라고 생각한다. 클라우드의 미래 Big 3 외에 어도비도 있다는 것을 잊지 말자.

반도체 빅사이클,
반도체의 반격이 시작됐다

──────

'반도체 빅 사이클 도래.'

요즘 웬만한 뉴스에서 보이는 대표적인 헤드라인이다. 코로나19로 재택이 대세가 되면서 기대 이상의 반도체 수요가 다양한 영역에서 창출되었다. 데이터센터, 스마트폰, PC, 노트북, 핸드셋, 차량, 게이밍 기기, TV 등 정말 다양한 곳에서 반도체를 원한다. 삼성전자를 비롯한 칩 메이커들은 현재 팔고 싶어도 팔 재고가 없을 정도다. 공장을 최고치로 가동하는데도 수요를 쫓아가기 벅찬 상황이다. 폭스바겐그룹은 반도체 부족으로 10만 대 생산이 차질을 겪고 있으며, 심지어 제너럴모터스나 테슬라도 차량용 반도체의 공급이 부족해 생산라인을 일시적으로 중단하기도 했다.

반도체 빅사이클에 관심을 가져야 하는 이유가 있다. 삼성전자, SK 하이닉스, 마이크론, 엔비디아, AMD, 인텔 등의 업체들이 반도체를 만들어야 하는데 공장이 부족해서 증설하면 전 세계 1위 반도체 장비 업체인 어플라이드 머티리얼즈나 램리서치 등 장비 업체들에 발주가 들어오고, 이때 미세 공정을 위한 필수 장비인 EUV(반도체 노광 장비) 독점 제조사인 ASML에도 발주가 늘어난다. 그리하여 증설이 끝나고 파운드리(위탁생산) 업체인 TSMC와 삼성전자, 글로벌파운드리 등 업체들의 생산이 늘어나고 매출이 증가한다. 이렇게 반도체 관련 업체들의 생태계가 서로 맞물리면서 하나의 빅사이클이 형성된다. 이게 현재 글로벌 반도체 시장의 현주소다.

미국의 대표적인 반도체 섹터를 추종하는 ETF는 SMH와 SOXX가 대표적이다.

글로벌 반도체 산업 대표 ETF : SMH, SOXX

티커	ETF명	자산 총액	설정일	운용 보수 (연간)	3개월 수익률	1년 수익률	3년 수익률
SMH	VanEck Vectors Semiconductor ETF	6.15B	2000/5/05	0.35%	-3.73%	60.16%	35.84%
SOXX	iShares PHLX Semiconductor ETF	7.02B	2001/7/10	0.46%	-3.08%	32.82%	38.50%

(단위 _ B: 십억 달러 | 출처 _ 2021년 11월 2일 종가 기준, 각 ETF 운용사 팩트시트)

❶ SMH는 인텔 비중이 상대적으로 낮은 ETF로 필자가 선호하는 편이다.

❷ SOXX는 편입 상위권 10종목들의 특징에서 드러나듯이 인텔의

비중이 3위권으로 SMH 대비 높은 편이다. 필자가 느끼기에, CPU의 오랜 강자였던 인텔이 이제는 엔비디아나 AMD에 비해 상대적으로 비즈니스적 해자(Moat)가 약해지고 있다고 본다.

　편입되어 있는 기업들의 구성과 비율을 보고 본인의 투자 방향 생각과 맞는 ETF를 고르는 것이 가장 현명하다.

[SMH ETF 상위 10개 종목]

TSMC	13.78%
엔비디아	9.95%
ASML	6.44%
AMD	5.31%
퀄컴	5.17%
브로드컴	4.96%
텍사스 인스트루먼트	4.83%
인텔	4.73%
어플라이드 머티리얼즈	4.42%
램리서치	4.35%
TOP10 종목 비중	63.95%

[SOXX ETF 상위 10개 종목]

엔비디아	9.36%
브로드컴	7.97%
인텔	7.37%
퀄컴	5.70%
텍사스 인스트루먼트	5.31%
AMD	4.50%
마벨 테크놀로지	4.39%
ASML	4.14%
아날로그 디바이시스	3.91%
어플라이드 머티리얼즈	3.87%
TOP10 종목 비중	56.53%

[출처: www.ETF.com, 2021년 11월 2일 기준]

코로나19로 달라진 해외주식 시장!
무엇을 보고, 어떤 주식에 투자해야 할까?

01

반도체 미세 공정
EUV 제조 대표 기업, ASML홀딩

기업명 ASML HOLDING N −NY REG SHS | **티커** ASML NA

●**상장일** 1995년 3월 14일 ●**시가총액(억 원)** 3,908,239
●**1년 수익률(%)** 113.72 ●**3년 수익률(%)** 67.15 ●**배당수익률(%)** 0.52

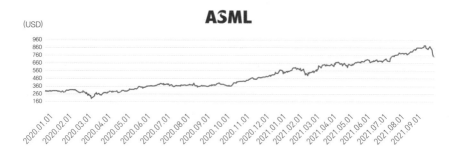

‘이재용이 직접 챙기는 ASML… 파운드리 혈투 승부수 띄운다.’

2020년 10월경 삼성전자 이재용 부회장이 코로나19의 기세를 뚫고 EUV 장비를 제조하는 네덜란드의 ASML홀딩(ASML Holding)을 방문한다는 내용의 기사 제목이다. ASML홀딩은 10나노, 7나노, 5나노 등 반도체 미세화 제조 과정에 반드시 필요한 EUV(반도체 노광 장비)를 제조하는데, 삼성전자 이재용 부회장이 직접 움직일 만큼 ASML홀딩의 EUV가 반도체의 핵심 장비라는 의미다.

2021년 2월 SK하이닉스도 공시를 통해서 약 4.7조 원을 투자해 ASML홀딩의 EUV를 20대 이상 도입한다고 발표해 화제가 됐다. SK 하이닉스 측은 "차세대 공정 양산 대응을 위한 EUV 확보 차원"이라 며 "총 5년에 걸쳐 EUV를 취득할 예정이며, 개별 장비를 취득할 때 마다 분할해 비용을 지불할 것"이라고 밝혔다.

EUV는 반도체 원재료인 실리콘 웨이퍼에 회로를 그려넣는 노광 공정에 활용되는 장비다. 기존 불화아르곤(ArF) 광원에 비해 파장의 길이가 14분의 1 미만으로 짧다. 스케치를 할 때 아주 가는 연필심으로 더 많은 회로를 얇고 세밀하게 그리는 역할을 한다고 생각하면 이해가 쉬울 듯하다. 그리하여 EUV는 '반도체 미세 공정의 핵심'으로 불린다.

현재 EUV 노광 기술을 활용해 반도체를 제조하는 대표적인 업체는 글로벌 파운드리(반도체 수탁생산) 1, 2위인 TSMC와 삼성전자다. 이들 업체는 파운드리 제조 공정에 EUV를 쓰고 있다. 삼성전자는 10나노 4세대 D램에도 EUV 공정을 적용해 양산에 성공했다.

반도체 미세 공정을 위한 필수 장비의 생산

이처럼 ASML홀딩은 글로벌 반도체 미세 공정을 위한 필수 기업이 되었지만 1등이라는 표현은 쓰지 않는다. 그들만이 EUV를 생산하기 때문이다. ASML홀딩은 네덜란드 기업으로, 현재 네덜란드 증시(유로화 거래 가능)와 미국 증시에 ADR(아메리칸 예탁증서) 형태로 동시에 상장되어 두 시장 모두에서 거래할 수 있다. TSMC는 이미 삼성전자를 제치고 2024년부터 EUV를 이용한 5나노의 가장 빠른 위탁생산을 시작할 예정이며, 이제는 3나노 공정 얘기까지 나오는 상황이다. 삼성전자도 이에 뒤처지지 않기 위해 ASML홀딩의 EUV 도입에 적극적인 행보를 보이고 있다.

앞으로 반도체 빅사이클이 도래한다면 가장 선두에서 수혜를 볼 장비 기업은 글로벌 반도체 1위 기업인 어플라이드 머티리얼즈와 ASML홀딩일 것으로 판단한다. 그러므로 ASML홀딩에 대해서 지속적으로 관심을 기울여야 한다.

02

글로벌 1위 파운드리 업체,
타이완 세미컨덕터

기업명 TAIWAN SEMICONDUCTOR–SP ADR | **티커** 2330 TT

● **상장일** 1997년 10월 7일 ● **시가총액(억 원)** 7,030,064
● **1년 수익률(%)** 30.43 ● **3년 수익률(%)** 47.80 ● **배당수익률(%)** 1.72

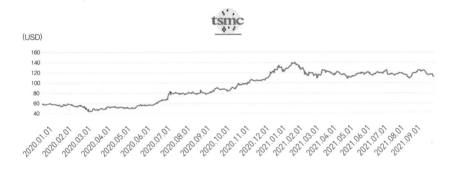

'고객과 경쟁하지 않는다.'

이는 글로벌 파운드리(반도체 위탁생산) 1위 업체인 타이완 세미컨덕터(Taiwan Semiconductor), 즉 대만 TSMC 공장에 늘 붙어 있는 문구다. 반도체 설계 능력만 있고 공장이 없는, 이른바 팹리스(Fabless) 업체들이 쉽게 성장할 수 있었던 것은 설계도 기술의 유출 없이 믿고 생산을 맡길 수 있는 TSMC가 있어서였다. TSMC 덕에 우리가 인기리에 투자하고 있는 회사인 엔비디아, 퀄컴, AMD 등이 대표적 팹리스로 성장할 수 있었다.

기적에 가까운 위탁생산 능력

TSMC는 1987년 대만에 설립되었고, 설계와 생산까지 하는 것이 일반화되어 있던 반도체 시장에 처음으로 파운드리 모델을 도입해서 '반도체의 OEM화'라는 생태계를 만들어낸 주인공이다. TSMC가 있어서 설계 능력만 있으면 공장을 만들지 않고도 얼마든지 반도체 시장에 진입할 수 있다 해도 과언이 아니다. 퀄컴, 엔비디아 외에도 애플, 테슬라, 구글 등 비반도체 회사들도 직접 반도체 칩을 설계하면서 시장의 파이를 키우고 있다. 이 모든 업체의 반도체를 생산해줄 수 있는 기업이 바로 TSMC와 삼성전자라 할 수 있다.

2020년 기준으로 TSMC는 501개 고객사의 276개 각기 다른 공정 기술로 1만 972개의 각기 다른 제품을 생산해 고객사에 납품했다. 이렇게 다양한 업체의 높은 수율을 유지하면서 각 고객사의 니즈에 맞춰 완벽하게 위탁생산을 해준다는 것 자체가 너무 어려운 일이기에 TSMC의 업적은 거의 기적에 가깝다고 생각한다.

꾸준한 투자 확대

2021년 3월, 다음과 같은 제목의 기사가 나왔다.
'TSMC, 美 공장 늘리고⋯ 3나노 양산도 앞당긴다.'

전 세계 파운드리 업계 1위인 미국 TSMC가 미국 애리조나에 투자를 늘리고 3나노 양상을 앞당기는 등 삼성전자의 추격을 따돌리는 데 총력전을 펼친다는 내용이었다.

사실 TSMC는 2020년 5월 미국 애리조나주에 파운드리 공장 건설 계획을 발표하면서 EUV 기반 5나노미터(1나노미터는 10억분의 1미터) 기술로 2024년부터 반도체를 생산할 계획이라고 했다. TSMC는 미국 진출 선언 후 증설 의지를 내비쳤다. 그리고 2021년 3월에 미국 애리조나에 앞으로 6개의 최신 파운드리 공장을 건설할 계획이라고 발표한 것이다. 반도체 공급 부족 사태에 맞춰 글로벌 1위 업체는 벌써 이렇게 초격차를 벌이고 있다. 류더인 TSMC 회장은 2021년 1월 "미국 공장이 메가 사이트 규모로 발전하길 희망한다"고 밝힌 바 있다.

TSMC는 3나노 공정 개발도 앞당기고 있다. TSMC는 2022년 상반기부터 3나노 공정에서 제품을 양산할 계획이라고 한다. 해당 3나노 공정 기반의 도입은 애플의 A16 칩에 전량 적용될 예정이다. 3나노 공정 칩은 기존 5나노 칩 대비 소비전력이 최대 25~30% 향상된다. 성능도 10~15% 향상될 것으로 예측된다. 애플은 초기 불량을 감수하고 최신 프로세서에 3나노 웨이퍼를 적용한다는 방침이라고 한다. 이처럼 TSMC가 투자를 확대하면서 추격자 삼성전자와의 불꽃 튀는 경쟁이 예상된다. 4차 산업혁명과 위드코로나 시대에 들어서면서 반도체 수요가 급증하고, TSMC는 그 중심에서 가장 큰 수혜를 누릴 것이다.

내연기관차의 종말 선언,
전기차의 대중화 시대가 온다

'마켓 브레이커(Market Breaker) 전기차의 시대가 온다.'

과거를 돌이켜보면 늘 한 시대를 풍미했던 산업이 새로운 강자나 시장 파괴자, 이른바 마켓 브레이커가 나타나며 큰 변화를 겪었다. 피처폰을 당연하게 여기던 시절, 노키아와 같은 업체들은 새로운 시장 파괴자인 애플의 스마트폰 앞에 무릎을 꿇었다. 지금, 이와 비슷한 일이 벌어지고 있다. 모두가 당연하게 "자동차는 휘발유, 디젤 내연기관차지!"라고 생각해온 패러다임이 깨지게 생긴 것이다. 테슬라를 필두로 이미 곳곳에서 전기차를 심심치 않게 볼 수 있게 되었고, 전 세계적으로 내연기관차를 줄이고 전기차 등 친환경 자동차 활성화에 사활을 걸기 시작했다.

하나금융투자 리서치에 따르면, 2021년 글로벌 전기차 시장의 전망치를 기존 354만 대에서 신규 399만 대로 상향할 정도로 전기차 시장이 뜨겁다. 시장 침투율도 기존 4.3%에서 4.8%로 상향 조정했다. 향후 5년간 연평균 28%씩 성장해 2025년에는 1,039만 대(시장 침투율 10.7%) 규모까지 성장할 것으로 전망하고 있다. 이미 유럽이 전기차 시장에서 가장 많이 앞서 나가 있고, 뒤이어 중국이 BYD · 니오 · 샤오펑 · 리오토 등 다양한 전기차 업체들을 국가 차원에서 후방 지원하고 정책적으로도 환경을 조성하면서 빠르게 전기차 시장의 리더로 올라설 채비를 하고 있다. 미국 역시 트럼프에서 바이든으로 정

전기차 산업 대표 ETF : LIT, DRIV, KARS, IDRV, 02845 HK

티커	ETF명	자산 총액	설정일	운용 보수 (연간)	3개월 수익률	1년 수익률	3년 수익률
LIT	Global X Lithium & Battery Tech ETF	4.85B	2010/7/22	0.75%	-1.51%	87.94%	40.71%
DRIV	Global X Autonomous & Electric Vehicles ETF	1.10B	2018/4/13	0.68%	5.92%	62.41%	33.56%
KARS	KraneShares Electric Vehicles and Future Mobility Index ETF	230.18M	2018/1/18	0.70%	-2.49%	48.68%	35.07%
IDRV	iShares Self-Driving EV and Tech ETF	462.75M	2019/4/16	0.47%	7.11%	49.32%	N/A
02845 HK	Global X China Electric Vehicle and Battery ETF	73.4B (HKD)	2020/1/17	0.68%	42.37%	111.77%	N/A

(단위 _ B: 십억 달러, M: 백만 달러 | 출처 _ 2021년 11월 2일 종가 기준, 각 ETF 운용사 팩트시트)

권이 바뀌면서 친환경을 지속적으로 강조해온 터라 전기차를 필두로 친환경 자동차 시장이 더욱 빠르게 발전할 것으로 예상한다. 우리나라도 현대차와 기아의 전기차 모델 출시에 힘입어 뒤늦게 전기차 시장에 후발주자로 자리매김할 것으로 보인다.

❶ LIT는 이름(Global X Lithium & Battery Tech ETF)에서 알 수 있듯, 전기차 배터리의 핵심 소재인 리튬 관련 기업과 배터리 기술에 특화된 기업들에 분산투자하는 ETF다. 중국, 미국, 홍콩, 한국, 일본, 호주 순으로 다양한 증시에 상장된 기업에 투자한다. 리튬 생산의 대표적 업체인 앨버말과 중국의 강봉리튬, 테슬라, 일본의 파나소닉, 중국의 전기차 업체인 BYD, 한국의 배터리 대표 업체인 삼성SDI와 LG화학 등이 주요 편입 기업이다.

❷ DRIV 역시 GlobalX의 ETF로, LIT와는 다르게 이름(Global X Autonomous & Electric Vehicles ETF)에 나타나듯 자율주행과 전기차 관련 기업에 분산투자하는 ETF다. 자율주행 관련 업체인 모빌아이를 인수한 인텔이 편입 비중이 가장 크고, 그 뒤로 자율주행 자회사인 웨이모(Waymo)를 보유한 알파벳(구글), 마이크로소프트, 엔비디아, 애플, 퀄컴, 테슬라, 마이크론 등의 기업에 분산투자하는 등 LIT와는 결이 다른 대상에 투자한다.

❸ KARS는 전기차 관련 기업 및 미래 이동수단 관련 기업에 분산투자한다. 상위 기업에는 벤츠 브랜드로 유명한 독일의 대표 자동차 메이커 다임러와 BMW, 인피니온, 엔비디아, 니오, AMD 등이 편입되어 있다. 편입 하위 기업으로 내려가면 한국의 삼성SDI, 플러그

파워, 퓨얼셀에너지, 블룸에너지 등 수소나 전기차 충전 관련 인프라 기업에도 분산투자하는 특징이 있다.

❹ IDRV는 자율주행 전기차 및 관련 기술 기업에 투자하는 ETF로 인텔, 테슬라, 알파벳(구글), 애플, GM, 엔비디아 등 편입 종목이 다른 ETF 편입 종목과 거의 흡사한데 삼성전자, LG화학, 삼성SDI, 현대모비스, 한온시스템과 같은 한국 주식도 하위 종목에 다수 편입되어 있는 것이 특징이다.

❺ 02845 HK는 중국의 전기차 및 배터리 관련 기업에 투자하는 ETF로, 홍콩달러로 환전해 홍콩 증시에서 50주 단위로 투자할 수 있다. 한국에서도 니오, 샤오펑, 리오토, BYD 등 중국의 전기차 대표 기업들에 관심이 많고 늘 한국예탁결제원 매수 상위 종목에 오를 정도로 인기가 높다. 늘 관심권에 오르는 기업 중 하나가 중국의 대표적 배터리 제조 업체인 CATL이다. 이러한 기업들은 외국인들이 투자할 수 있는 후강퉁, 선강퉁 증시가 아니라 3으로 시작하는 과창판에 상장되어 있어 직접투자가 불가능한 것이 늘 아쉬웠는데, 이 ETF에는 3*으로 시작하는 기업들이 주로 편입되어 있어 간접으로나마 투자할 수 있는 대안이 된다.

---

* **3** '중국판 나스닥'인 창업판(차스닥) 코드번호. 예) 심천 창업판 코드 : 300003

[LIT ETF 상위 10개 종목]

앨버말	12.55%
강봉리튬	6.29%
테슬라	5.46%
EVE에너지	5.43%
삼성SDI	5.28%
파나소닉	5.22%
CATL	5.13%
SQM	5.08%
BYD	5.02%
LG에너지솔루션	4.65%
TOP10 종목 비중	60.12%

[DRIV ETF 상위 10개 종목]

인텔	3.53%
알파벳	3.48%
마이크로소프트	3.21%
엔비디아	2.86%
애플	2.83%
토요타자동차	2.69%
퀄컴	2.51%
테슬라	2.31%
마이크론	2.25%
GE	2.15%
TOP10 종목 비중	27.85%

[KARS ETF 상위 10개 종목]

다임러(벤츠)	3.99%
서던 쿠퍼	3.79%
알파벳	3.58%
BMW	3.58%
인피니온 테크놀로지	3.52%
텍사스 인스트루먼트	3.48%
아날로그 디바이시스	3.33%
엔비디아	3.05%
니오	3.01%
AMD	2.87%
TOP10 종목 비중	34.20%

[IDRV ETF 상위 10개 종목]

인텔	4.44%
테슬라	4.29%
알파벳	4.07%
토요타자동차	3.97%
삼성전기	3.94%
GM	3.68%
애플	3.67%
다임러(벤츠)	3.52%
엔비디아	3.51%
AMD	3.18%
TOP10 종목 비중	38.27%

[02845 HK ETF 상위 10개 종목]

SHENZHEN INOVANCE TECHNOLO · A	9.97%
EVE ENERGY CO LTD · A	9.76%
WUXI LEAD INTELLIGENT EQUI · A	9.61%
CONTEMPORARY AMPEREX TECHN · A	9.39%
JIANGXI GANFENG LITHIUM CO · A	9.21%
BYD CO LTD · A	9.06%
SUNWODA ELECTRONIC CO LTD · A	5.85%
WEIHAI GUANGWEI COMPOSITES · A	5.61%
SHENZHEN CAPCHEM TECHNOLOG · A	5.22%
GUOXUAN HIGH · TECH CO LTD	5.10%
TOP10 종목 비중	**78.78%**

[출처: www.ETF.com, GlobalX 공식 홈페이지 팩트시트,
2021년 11월 2일 기준]

01

글로벌 전기차 대표 업체, 테슬라

기업명 TESLA INC | **티커** TSLA US

● **상장일** 2010년 6월 29일 ● **시가총액(억 원)** 10,653,137
● **1년 수익률(%)** 111.97 ● **3년 수익률(%)** 158.38 ● **배당수익률(%)** N/A

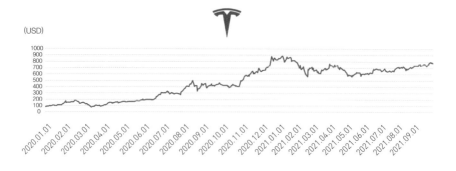

'서학개미가 사랑한, 한국인이 제일 좋아하는 순매수 대표 주식, 테슬라(Tesla).'

우리나라 국가대표 축구팀 경기를 보다 보면 온 국민이 사실상 해설자다. 그리고 국내에서 삼성전자를 얘기하면 남녀노소 누구나 주식 얘기를 한다. 해외주식은? 해외주식을 한다고 하면 일단 테슬라 얘기부터 시작하는 사람들이 많다. 특히 주식 투자를 하시는 분들은 웬만하면 테슬라 전문가라 해도 부족하지 않을 정도로 테슬라에 대해 많이 알고 있다. 필자가 생각하기에 테슬라는 '생태계를 스스로 만들고 있다는 점'에서 무서운 존재다.

공격적인 투자, 점점 낮아지는 판매가

테슬라는 현재 미국 캘리포니아의 프리몬트를 비롯해 독일 베를린, 중국 상하이 등지에 공장을 공격적으로 증설하고 있다. 모델3, 모델Y를 필두로 생산 대수와 구매 대수의 상승폭이 무서울 정도다.

그런데 재미있는 건 차량의 판매 가격(ASP; Average Sales Price)을 꾸준히 스스로 낮춘다는 점이다. 보통 우리는 '물가가 상승해 올해 제품 가격을 인상합니다'라는 문구는 자주 봤어도 생산자가 스스로 제품 가격을 낮추는 건 아주 드문 일이고, 소비자 입장에서도 '마진이 낮아지는 건 스스로 제 살 깎아먹기'라는 생각이 드는 일이다. 그럼에도 불구하고 테슬라는 스스로 판매 가격을 낮춘다. 그건 그만큼 제품에 자신이 있기에 판매마진보다는 더 싸게 만들고 더 좋은 품질로 더 많은 사람들이 사게끔 하는 전략을 펼치는 것으로 볼 수 있다. 테슬라는 하드웨어(차량)에서 소프트웨어(FSD ; 완전자율주행 서비스 등)를 통해 돈을 벌겠다는 큰 그림을 그리고 있다.

지금도 테슬라를 구매할 때 FSD 옵션은 우리나라 기준으로 900만 원 정도의 별도 요금을 내게 되어 있다. 그런데 2020년 4월에 테슬라는 FSD도 매월 과금하는 월간구독 형식으로 진행하겠다고 처음 밝혔고, 2021년 7월에 FSD 월간구독 서비스를 론칭했다. 테슬라는

FSD 성능을 완전자율주행이 가능한 수준까지 끌어올려 FSD 가격을 최대한 높여서 받고, 차량 가격은 최대한 싸게 제조하는 것이 목표다. 지난 2020년 9월 22일 테슬라 배터리데이 때는 배터리 가격을 몇 년간 꾸준히 낮춰서 차량의 판매 가격에서 배터리 비용을 점점 줄여나가겠다는 플랜을 제시했다. 이는 정말 무서운 부분이다.

OTA를 통한 지속적인 소프트웨어 업데이트

FSD를 완벽하게 구현하기 위해서 테슬라는 수많은 테슬라 운전자들의 데이터를 매일 축적해 차량이 와이파이존에 들어가거나 배터리 충전 시 테슬라 본사의 슈퍼컴퓨터에 해당 주행 데이터를 보내고, 본사는 OTA(Over-the-air. 무선통신으로 소프트웨어를 업데이트하는 기술) 기술을 통해 거의 매주 차량의 소프트웨어를 업데이트해준다. 운전자들의 실주행 데이터를 매일 지구 2바퀴 수준으로 쌓고 있는 회사는 테슬라가 대표적이다. 이 부분이 또 하나의 무서운 점이다. 이렇게 쌓인 데이터는 후발주자들이 쉽게 따라가기가 어렵고, 테슬라를 자율주행 완벽 구현에 가장 먼저 다다르게 할 거라고 자신 있게 말할 수 있다.

전기차는 누구나 만들 수 있다. 엔진이 없기 때문에 배터리와 동력을 전달하는 구동기만 있으면 가능하다. 그러나 배터리 기술과 효율화, 안정성, 자율주행 구현 등의 기술은 내연기관차 제조를 하다가 뒤늦게 신사업으로 전기차를 제조하는 업체보다 시작부터 죽어라 전기차만 파왔던 소위 전기차 장인 테슬라가 훨씬 유리할 것이다. 그리고 OTA를 통해 서비스센터 방문 없이 제동거리까지 줄일 수 있다고 하니 놀라울 뿐이다.

그래서 테슬라 차주들은 실제 매주 새 차를 받는 기분이라고 말한다. 보통 내연기관차를 사면 시간이 흐를수록 성능이 저하되고 감가상각이 된다. 그러나 테슬라는 반대다. 이런 점도 구매자들이 테슬라에 큰 매력을 느끼는 요인이다.

이러한 데이터 축적과 활용을 위해 테슬라는 자체 칩까지 개발하고 제조해서 전기차 모델에 사용하기 시작했다. 그리고 인터넷이 잘되지 않는 지역에서도 OTA를 활성화하기 위해 그 유명한 스페이스 X를 통해 위성을 띄우고 인터넷을 연결하는, 이른바 스타링크(Star-Link) 프로젝트도 진행 중이다. 이렇게 해서 수많은 실주행 데이터를 보유하게 되면 자연스럽게 자체 보험 서비스까지 할 수 있다. 이미 캘리포니아주에서 테슬라는 자체 보험 서비스를 하고 있다.

전기차를 제조하는 테슬라가 직접 보험료를 산정한다는 것은 굉장한 일이다. 그리고 자율주행의 완벽성이 높아질수록 운전자의 개입이 줄어드는 동시에 사고 발생의 가능성과 빈도가 낮아질 수 있다. 그래서 추후에 '무사고' 수준까지 테슬라의 자율주행 기술력이 향상된다면 보험 서비스는 최고의 캐시카우가 될 것이 분명하다. 테슬라는 분명 경쟁 보험사보다 더 낮은 보험료를 제시해 구매자로 하여금 자연스럽게 차도 보험도 테슬라를 선택하게 할 것이기 때문이다.

테슬라 투자로 유명한 미국의 유명 ETF 운용사 ARK인베스트먼트의 캐시 우드 CEO는 이 FSD가 빠른 시일 내에 공개되면 추후에 로보택시(Robo-taxi)까지 가능해져서 2025년까지 테슬라의 주가는 5,000달러까지(2021/11/2 종가 기준 주당 1,172달러) 될 것이라고 밝혔다.

상상만으로도 신박한 테슬라 생태계

잠깐 상상해보자.

모델Y 롱레인지의 차주 홍길동 씨가 주중에는 차를 안 쓰고 주말에만 가족들과 사용한다. 그래서 주중에는 로보택시 기능을 켜서 불특정 고객이 홍길동 씨의 모델Y 롱레인지를 운전자 없이 자율주행으로 택시처럼 이용할 수 있다. 이때 요금은 자동으로 과금해서 일부는 테슬라가 가져가고 일부는 차주인 홍길동 씨가 가져간다.

상상만으로도 정말 신박한 아이디어가 아닐 수 없다. 이는 완전자율주행 기술이 완벽할 때 가능한 일이다. 이게 바로 테슬라가 계획 중인 로보택시다.

필자가 서두에서 밝혔듯 이 모든 것이 하나의 완벽한 유기체처럼 생태계를 만들어가는 중이다. 그리고 올해는 모두가 주목하는 픽업트럭인 사이버트럭(Cyber-Truck)과 세미트럭(Semi-Truck)이 출시되어 더 다양한 고객의 니즈를 충족시키고 판매량이 증가하는 것을 목격하게 될 것이라는 관측이다.

지금까지의 이야기는 테슬라의 아주 일부분만 언급한 것이다. 세세하게 하나하나 들어가면 더 할 얘기가 많을 정도로 테슬라는 다양한 부분에서 이슈를 만들고, 말 그대로 하나의 새로운 패러다임을 만들어가는 선두 기업이다. 내연기관 시대의 종말을 논하긴 이르지만, 확실히 소수점도 안 되던 전기차의 비중은 앞으로 점차 늘어날 것이고 우리 생활에서 익숙해질 것이다. 전기차의 시대, 테슬라에 주목하며 기대해보자.

현실과 가상의 콜라보,
메타버스의 시대가 온다!

포켓몬고와 싸이월드 캐릭터.

몇 년 전 많은 사람들이 길거리에서 휴대폰을 들고 서성이던 광경이 기억난다. 바로 포켓몬고 게임 때문이다. 또한 필자가 대학생 시절에 남는 시간 대부분을 싸이월드에서 도토리 현질을 하며 캐릭터들을 꾸민 기억도 어제 일처럼 생생하다. 마치 그 캐릭터를 나라고 생각하고 모자부터 재킷, 바지, 신발까지 구매해 꾸미면서 어머니께 등짝을 많이 맞기도 했다.

요즘 메타버스(Metaverse)라는 단어가 심심찮게 보인다. 포켓몬고나 싸이월드 캐릭터가 메타버스의 선조라고 보면 될 것 같다. 메타버스는 '가상'이라는 뜻의 메타(Meta)와 '세계' 또는 '우주'를 뜻하는 유니버스(Universe)의 합성어다. 코로나19 이후로 사람을 만나는 것이 신경 쓰이는 일이 됐고, 한 공간에 함께 머무르며 대면하는 것도 어려워졌다. 학교 수업은 원격으로 듣고, 직장생활도 이제는 재택근무가 흔한 근무 형태가 되어가다 보니 '줌비디오', '마이크로소프트 팀즈', '원격교육', '원격회의' 같은, 비대면 생활에 특화된 단어들이 자주 들린다. 보이그룹 BTS가 가상의 공간에서 콘서트를 열고, 대학교 신입생 환영회와 기업 설명회도 가상의 공간에서 열린다. 코로나19가 불러온 비대면의 일상화. 이것이 메타버스에 대한 신드롬을 만들어냈다.

우리가 자주 사용하는 구글 어스나 카카오 내비 등 실제 거리와 건물을 항공 촬영해 3D로 변환하거나 모델링하는 것도 큰 범주에서는 메타버스에 포함된다. 얼마 전, 전 세계 1위 사용자를 자랑하는 SNS인 메타플랫폼스(티커: FB. 구 페이스북)에서도 메타버스 기업임을 전격적으로 선언해 화제가 되었다. 지금 편하게 살펴보는 페이스북을 나의 가상캐릭터로 로그인해 가상공간에서 다른 사람들과 만나는 것을 상상해보라. 벌써부터 메타버스의 현실 접목이 금방 이루어질 것만 같다.

메타버스 산업 대표 ETF : META

티커	ETF명	자산 총액	설정일	운용 보수 (연간)	3개월 수익률	1년 수익률	3년 수익률
META	Roundhill Ball Metaverse ETF	116.61M	2021/6/30	0.75%	-4.75%	N/A	N/A

(단위 _ M: 백만 달러 | 출처 _ 2021년 11월 2일 종가 기준, 각 ETF 운용사 팩트시트)

❶ 메타버스가 새로운 성장 산업으로 이슈화되면서 2021년 6월 30일 사상 첫 메타버스 ETF인 META가 상장되었다. 상장된 지 얼마 되지 않아 자산 총액도 늘어나기 시작하고, 트랙레코드 역시 짧으나 해당 산업의 성장성을 돌이켜볼 때 앞으로 꾸준히 관심을 가져야 할 ETF라고 생각한다. 게임 및 GPU의 글로벌 대장 기업인 엔비디아, 빅테크이자 메타버스 관련 산업을 키우려는 마이크로소프트, 아마존닷컴 등이 주요 편입 기업이다. 더불어 메타버스 게임 대장주인 로블록스와 3D 게임엔진 제작 툴 제작사인 유니티소프트웨어 등이 주요 구성을 이루고 있다.

[META ETF 상위 10개 종목]

엔비디아	7.97%
마이크로소프트	4.74%
텐센트	4.62%
로블록스	4.52%
아마존닷컴	3.81%
오토데스크	3.78%
TSMC	3.76%
유니티소프트웨어	3.64%
퀄컴	3.40%
패스틀리	3.37%
TOP10 종목 비중	43.63%

[출처: www.ETF.com, 2021년 11월 2일 기준]

코로나19로 달라진 해외주식 시장!
무엇을 보고, 어떤 주식에 투자해야 할까?

01

이제는 메타버스 대표 기업, 메타플랫폼스

기업명 META PLATFOMS INC (구 페이스북) | **티커** MVRS

● **상장일** 2012년 5월 18일 ● **시가총액(억 원)** 10,710,403
● **1년 수익률(%)** 15.92 ● **3년 수익률(%)** 27.68 ● **배당수익률(%)** N/A

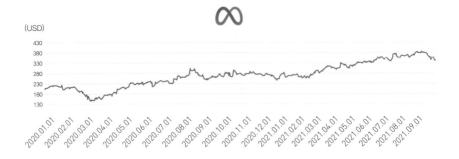

'SNS + 이커머스 + 메타버스 초연결 기업! 미래의 SNS도 우리 손으로!'

페이스북은 모두가 아는 글로벌 1위 SNS 업체다. 그런데 2021년 11월 1일 페이스북의 창업자 마크 저커버그는 메타버스에 올인하겠다는 포부 아래 사명을 '메타플랫폼스'로 전격 교체했다. 전 세계에 무려 24억 명이 넘는 유저를 보유한 메타플랫폼스(Meta Platforms)는 유저들을 메타버스와 연계해 만들어낼 시너지를 꿈꾸고 있다.

2021년 7월 28일 페이스북 실적 발표에서 마크 저커버그는 현재 빅테크 기업 중 메타버스 관련도가 가장 높은 기업인 크리에이터(비디오), 전자상거래(페이스북페이), 그리고 차세대 컴퓨팅 플랫폼(오큘러스) 관련 투자를 강조하면서 메타버스 생태계를 구축하기 위해 노력하겠다는 의사를 명확히 보여줬다. 동시에 5년 내에 SNS 기업에서 메타버스 업체로 탈바꿈하겠다는 목표를 제시했다.

메타버스 시대에 가장 기대되는 기업

페이스북은 최근 공간을 초월해 조성할 수 있는 업무 환경 프로그램인 '인피니트 오피스'를 공개했다. 재택근무 중 팀원들과 회의를 할 수 있고, 키보드와 연동해 가상 모니터로 업무를 하며, 모두 같은 곳으로 출근해 같은 시간에 공간을 공유해야 하는 업무 환경에서 벗어나 신개념 업무 환경을 제공하는 계획을 가지고 있다.

또한 '호라이즌 월드'라는 미래 버전의 SNS도 공개했다. 이는 시공간을 초월해 함께 같은 것을 경험하는 공동체다. 나만의 아바타가 살아가는 가상의 세계에서 오큘러스 중심의 여러 VR 기기를 사용해 좀 더 현실적인 커뮤니케이션을 할 수 있다. 퇴근 후 친구를 만나러 밖으로 나가는 게 아니라, 페이스북 오큘러스를 착용하고 호라이즌 월드로 가는 우리의 모습을 상상해보라. 기존 페이스북의 글과 사진, 동영상이 담긴 긴 피드가 아니라 서로의 가상 캐릭터를 보며 대화하는 신개념 SNS의 시대가 오는 것이다. AR/VR 플랫폼을 차세대 성장 산업으로 규정해 모든 역량을 쏟아 부음으로써 다가오는 메타버스 시대에 가장 기대되는 기업으로 떠오르고 있다.

이 외에도 전 세계 어린이들의 놀이터인 로블록스(티커: RBLX US)와 3D 영상 및 게임 제작 툴 플랫폼 업체인 유니티소프트웨어(티커:U US), 애플(AAPL US), 마이크로소프트(MSFT US), 엔비디아(NVDA US), 텐센트(00700 HK), 닌텐도(7974 JP) 등도 대표적인 메타버스 관련 기업들이다. 다가올 메타버스의 미래를 이 기업들에서 찾아보자.

Global Equity

3장

배당이라는
고정적 인컴형
자산을 노려라

배당, 불경기가 가져온
또 다른 투자의 트렌드

2021년 4월 15일, 개인들의 이자수익의 한 축을 담당했던 저축은 행마저 만기 6개월 이하 금리가 0%대인 정기예금이 등장하였다. 국내 저축은행 79곳의 12개월 평균 예금 금리가 1.65%인 저금리 시대에 한 푼의 이자도 아쉬운 '금리 노마드족'들에게는 이제 마땅히 돈 굴릴 곳조차 없어지는 상황이다. 이런 배경에는 고령화, 저성장과 같은 불경기가 가져온 저금리 기조의 정책이 주요하게 작용하였고, 코로나19가 가져온 경기불황의 직격탄도 저금리 환경을 더욱 견고하게 조성하였다.

이러한 저금리 환경은 '금리 노마드족' 외에 경제적 자유 실현을 추구하는 '파이어족(Financial Independence Retire Early)'에게도 골칫 거리이다. 현재 상황에서 기존 투자 전략인 '원금이 보장되는 이자수익 추구' 전략으로는 더 이상 파이어족이 될 수 없다. 그렇기에 이제는 선택이 아닌 필수 투자 전략으로 보다 공격적인 투자로 눈을 돌릴 수밖에 없게 되었다. 이 가운데 가장 눈에 띄는 대안은 '4월의 월급'이라 불리는, 주식 투자를 통한 '배당'이다.

그런데 왜 지금 배당을 살펴봐야 할까? 과거 저축은행 예금 금리가 3~4%대를 유지했을 때에는 주식 투자를 통한 1~2%대의 배당수익 추구 전략은 고정수익을 노리는 투자자들에게는 현명하지 못한 투자 선택이었다. 그 이유는 주식 가격의 변동성이 노출되면서 배당수익률이 예금 금리의 절반 수준에 미친다면 합리적인 투자자 입장에서 주식 가격의 하락 리스크를 감내할 만한 이유가 없기 때문이다. 하지만 지금은 다르다. 2020년부터 코스피 배당수익률(1월 기준, 1.43%)이 1년 정기예금 이자율(1.30%)을 웃돌았고, 이 가운데 일부 고배당주들은 정기예금 금리보다 4~8배 높은 배당 수익률을 기록했다.

엄청난 국방비를 지출해서 천조국(국방 예산이 천조 원이라는 뜻)이라 불리는 나라 미국에서도 저금리 기조로 인해 배당주 투자가 급격하게 확대되었다. 금융위기 이후 미국 중앙은행은 경기부양책의 일환으로 제로금리 정책을 단행했고, 이는 상대적으로 배당주를 매력적으로 느끼게끔 만들었다. 미국 기업들이 배당수익률 2%대 수준을 유지하는 가운데 예금 및 채권 투자에 대한 기대수익률이 현저히 낮다 보니 안전자산 투자에 지친 현명한 투자자들이 자연스럽게 배당주 투자로 몰리게 된 것이다.

이는 미국의 배당주 ETF의 자산 규모 추이를 통해서도 확인된다. 2011년까지 50조 원도 안 되었던 배당주 ETF 자산 규모가 2019년

도에는 무려 200조 원을 넘어 8년 만에 4배 이상의 성장세를 보이며
자금 몰이를 하였다.

전체 미국 배당주 ETF 자산 총액 증감 추이

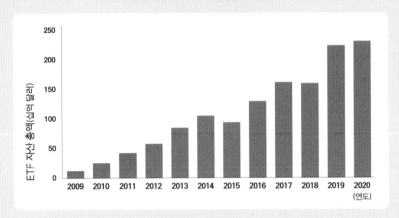

그렇다면 실제로 투자 성과는 어땠을까? 배당주에 투자하는 것이
일반 기업 주식에 투자하는 것보다 좋은 성과를 냈을까? 이에 대해
서는 S&P500 주식들의 가격 상승률과 배당수익률을 포함한 총 수
익률로 비교해볼 수 있다.

1987년부터 2020년까지 장기 성과로 비교를 해본다면, 아래 표와
같이 S&P500의 주식 상승률은 1,500% 정도 상승을 기록한 반면, 총
수익률은 3,400%를 넘어섰다. 다시 정리해보면, 배당 효과는 30년
이상 장기투자 시 일반 주가 상승률의 두 배 이상을 가져올 수 있다.
이는 '투자의 귀재'로 불리는 워렌 버핏(Warren Buffett)이 배당주를
사랑하는 이유가 아닐까 싶다.

S&P500 토탈리턴(주가수익률+배당수익률) 수익률과 주가수익률 추이(1987~2020년)

배당주의 매력은 고정적인 인컴 수익뿐일까? 투자의 측면에서 크게 본다면, 당연히 그 외의 장점도 있다.

최근 일반 투자자들 사이에서 서학개미, 동학개미운동이라 불릴 정도로 주식 투자에 대한 관심이 높아지고 투자도 크게 확대되는 추세다. 이는 앞서 이야기했던 바와 같이 안전자산 투자를 통한 낮은 기대수익률에 지친 투자자들이 투자 전략을 바꾼 영향이라고 볼 수 있다.

이런 가운데 최근 주식시장은 성장주로 자금 쏠림 현상이 나타나고 있다. 저성장·저금리에 지친 일반 투자자들 입장에서 당연히 주가 상승률이 높아 보이는 종목들이 매력적으로 보일 것이다. 대표적으로 IT, 바이오, 엔터테인먼트, 게임 등과 같이 관련 기업과 산업에 대한 높은 성장률을 바탕으로 주가의 기대수익률이 높은 종목들을 선호할 수 있다. 하지만 기대수익률이 높은 성장주는 주가 하락에 대한 가능성이 높고, 이는 변동성이 높은 주식임을 뜻한다.

그렇다면 일반 투자자 입장에서 변동성 높은 종목과 산업에 모두 투자하는 전략은 괜찮을까? 물론, 정답은 없다. 투자자의 투자 성향에 따라 기대수익률과 변동성을 감내하는 정도가 개인별로 다르기 때문에 투자 전략은 천차만별이다. 하지만 혹자가 말하는 '마음이 편한 투자', '발 뻗고 편히 잘 수 있는 투자'는 아마도 '배당'이라는 고정적 인컴을 통해 상대적으로 변동성이 낮고 주가 하락에 대한 하방 경직성을 보이는 배당주 투자가 더 가깝지 않을까 싶다. 그렇다면 배당을 잘 활용할 수 있는 다양한 투자 전략은 무엇일까?

코로나19로 달라진 해외주식 시장!
무엇을 보고, 어떤 주식에 투자해야 할까?

저금리 시대를 극복하는
투자 대안처, 고배당주

이제 막 주식시장에 관심을 갖기 시작한 '주린이'들은 어떤 종목에 투자를 해야 예금이나 적금보다 높고 안정적인 배당금 수익을 얻을 수 있을까? 이 질문에 대한 답을 얻기 전에 '배당'에 대해 알아보자.

국가별로 기업들이 가지는 배당에 대한 시각은 다르다. 우리나라의 경우 기업들이 배당에 인색한 문화였으나, 점차 배당에 대해 열린 시각과 주주 친화적인 모습으로 변모 중이다. 그렇다면 어느 나라가 배당에 가장 친화적일까? 역시나 미국이다. 국가별 주식시장별 배당수익률을 비교해보면, 미국이 압도적으로 높은 수준은 아니지만 종목 개수, 평균 배당수익률을 계산하는 방식 등 통계적인 부분에서 차이가 발생하기에 필자는 배당의 지속성 면에서 미국에 좀 더 무게를 둔다.

한 예로, 2020년 유가 폭락과 코로나19 팬데믹 상황에서 대표적 고배당주라 불리던 인프라 및 리츠 중 몇몇 기업들의 배당컷(배당금 축소 또는 미지급)이 발생하며 해당 기업들의 주가가 큰 폭으로 하락하였다. 따라서 '마음 편한 투자'를 하기 위해서는 기업들이 얼마나 오랜 기간 동안 배당을 꾸준하게 해왔는지를 반드시 살펴야 한다. 이런 관점에서 보면, 미국이 압도적으로 안전해 보인다.

아래 표와 같이 국가별로 배당과 관련한 인덱스 기준을 살펴보면, 미국의 경우 최소 20년 이상 배당을 유지하거나 증가했던 기업들만 인덱스에 편입된다.

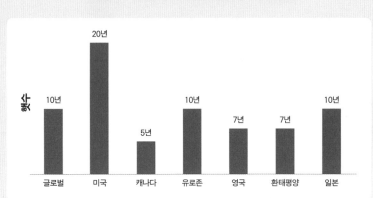

배당을 유지 또는 증가하는 국가별 증시 평균 기간

'최소 20년 이상'이라는 기준은 글로벌이나 유로존, 일본의 기준보다 두 배나 더 긴 엄격한 기준이다. 10년마다 위기가 찾아온다는 '10년 주기설'을 믿는 투자자 입장에서는 20년이라는 배당 지속성이 매우 매력적으로 보일 것이다. 필자는 '10년 주기설'을 믿는 편은 아니지만, 높은 배당을 주었던 기업들이 금융위기 시기를 어떻게 대응했는지 확인하는 것이 중요하다고 보기에 최소 20년 이상 배당을 지속해온 기업들로 구성된 미국 시장에 집중해 '배당 투자'를 이야기해보려고 한다.

배당 성장주 산업 대표 ETF : VYM, SCHD, IDV, SDIV

티커	ETF명	자산 총액	설정일	운용 보수 (연간)	연초 대비 수익률	일 평균 거래량(주)	ETF 주당 가격(달러)
VYM	Vanguard High Dividend Yield ETF	39.21B	2006/11/10	0.06%	17.60%	113,878,236	108.67
SCHD	Schwab U.S. Dividend Equity ETF	29.89B	2011/10/20	0.06%	20.46%	1,864,786	77.60
IDV	iShares International Select Dividend ETF	4.32B	2007/6/11	0.49%	9.16%	1,444,733	0.44
SDIV	Global X SuperDividend ETF	880.46M	2011/6/8	0.59%	4.84%	572,635	12.11

(단위 _ B: 십억 달러, M: 백만 달러 | 출처 _ 2021년 12월 21일 종가 기준, 각 ETF 운용사 팩트시트)

VYM, SCHD, IDV, SDIV는 고배당에 집중 투자하는 대표적인 ETF이다. 이 ETF들의 가장 큰 차이는 투자 전략에 있다.

❶ VYM과 SCHD는 미국 배당주에만 투자하는 ETF이고, 구조적으로 높은 배당수익률을 보이는 리츠(REITs. 부동산 투자신탁) 섹터를 제외한다. ETF 내에 편입되어 있는 투자 기업들의 시가 총액 규모는 대형주의 비중이 90% 수준에 육박한다.

❷ IDV는 미국을 제외한 글로벌 국가의 고배당 기업에 투자하는 대신, 구조적으로 높은 배당수익률을 보이는 리츠 섹터를 제외한다.

❸ SDIV는 미국을 포함한 글로벌 전체 고배당 기업에 투자하며, 투자 대상에서 리츠를 포함한다. ETF 내에 편입되어 있는 투자 기업들의 시가 총액 규모는 중소형주 비중이 약 80% 수준이다.

위에 언급된 ETF 구조를 바탕으로 투자자들의 성향에 맞게 미국에 집중할지, 미국 외 선진국에 투자할지, 또는 대형주와 중소형주 중 어디에 집중할지 등 다양한 전략에 따라 고배당 주식들을 분산투자하는 방식으로 접근할 수 있다.

[VYM ETF 상위 10개 종목]

JP모건	3.69%
존슨앤존슨	3.14%
홈디포	2.89%
뱅크오브아메리카	2.59%
프록터앤갬블(P&G)	2.55%
엑슨모빌	2.00%
화이자	1.79%
시스코시스템즈	1.73%
컴캐스트	1.72%
펩시코	1.63%
TOP10 종목 비중	23.73%

[SCHD 상위 10개 종목]

홈디포	4.88%
화이자	4.67%
브로드컴	4.52%
펩시코	4.12%
텍사스 인스트루먼트	4.12%
머크	4.02%
블랙록	3.95%
시스코시스템즈	3.78%
코카콜라	3.76%
버라이즌	3.70%
TOP10 종목 비중	41.52%

[IDV 상위 10개 종목]

리오틴토	6.25%
브리티시 어메리칸 타바코	4.77%
네터지 에너지그룹	2.94%
스위스컴	2.41%
겔러소스미스클라인	2.22%
포테큐메탈그룹	2.20%
캐나다임페리얼상업은행	2.16%
항생은행	2.15%
에스에스이	2.08%
레드일렉트리카	1.99%
TOP10 종목 비중	29.17%

[SDIV 상위 10개 종목]

차이나 파워 인터네셔널 디벨로먼트	1.77%
NOS SGPS	1.52%
Magnit PJSC Sponsored GDR RegS	1.49%
아이론마운틴	1.48%
Halyk Savings Bank of Kazakhstan JSC Sponsored GDR RegS	1.42%
Transmissora Alianca De Energia Eletrica S.A. Unit	1.41%
글래드스톤 커머셜	1.36%
Chimera Investment Corporation	1.34%
PhosAgro PJSC Sponsored GDR RegS	1.31%
코네이션 펀드매니저	1.29%
TOP10 종목 비중	14.39%

[출처: www.ETF.com, 2021년 12월 21일 기준]

코로나19로 달라진 해외주식 시장!
무엇을 보고, 어떤 주식에 투자해야 할까?

01

코로나19 백신 주도주,
화이자

기업명 PFIZER INC | **티커** PFE US

●**상장일** 1942년 6월 22일 ●**시가총액(억 원)** 2,827,378
●**1년 수익률(%)** 20.63 ●**3년 수익률(%)** 4.49 ●**배당수익률(%)** 3.64

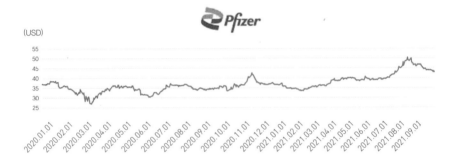

코로나19가 창궐하면서 우리나라의 서학개미뿐 아니라 동학개미들도 백신 관련주 하나 정도는 투자 집행 또는 관심 종목으로 설정했을 것이다. 만약 아직까지 백신 관련주에 투자하지 않은 투자자라면 아마도 어떤 백신이 코로나19 시기에 투자하기 가장 효과적일지가 고민되어서, 또는 너무 밸루에이션(실적 대비 주가 수준)이 비싸게 형성되어 있어 매수 시기를 고민하고 있지 않을까 생각된다. 그래도 다행인 것은 현재는 2020년과 다르게 코로나19 백신 시장 안에서 뚜렷한 주도 기업들이 나오고 있다는 것이다.

그 기업은 바로, 현재까지 상대적으로 부작용이 적다고 알려진 모더나(Moderna)와 화이자(Pfizer)이다. 물론 필자는 이 시점에서 모더나 백신이 더 효과적일지, 아니면 화이자 백신이 코로나19의 종식을 가져올지에 대해 이야기할 수는 없다. 다만, 화이자가 대표적인 성장주인 제약&바이오 기업 중 하나임에도 불구하고 4%대의 고배당을 주는 반면 모더나는 배당을 주지 않는다는 점을 비교해서 눈여겨볼 필요가 있다고 생각된다. 심지어 앞서 소개한 대표적인 고배당 ETF들 중 하나인 SCHD ETF 내 Top 10 보유 종목에도 화이자는 포함되어 있다.

시류와 맞물려 탄탄하고 안정적인 성장세

현재 시가총액이 약 240조 원 수준인, 전 세계 2위 글로벌 바이오 제약 업체 화이자의 성장성에는 그 누구도 의구심을 갖지 않을 것이다. 백신을 포함해 의약품 및 소비자 건강관리 제품 등 다양한 포트폴리오가 이미 안정적으로 구축된 데다 선진국들의 고령화로 인해 수요 측면에서는 안정적으로 시장이 증대되는 상황이다. 이 가운데, 코로나19 백신 물량 확보를 위해 전 세계 국가 수장들이 사활을 걸었다. 우리나라 또한 다른 여타 선진국 및 주변국과 마찬가지로 상대적으로 부작용이 적다고 알려진 모더나와 화이자 백신의 물량을 꾸준하게 확보하고 있는 상황이다.

2021년 4월 24일 외신 등에 따르면 유럽연합(EU) 집행위원회는 화이자로부터 코로나19 백신 최대 18억 회분을 확보할 거라고 밝혔다. 단일 제약회사로는 세계 최대 규모의 백신 공급이다. 이게 현실화된다면 화이자는 2023년도까지의 신규 매출 성장 동력이 확보될 것이고, 향후 코로나19 종식 전까지도 화이자의 성장 여력은 충분할 것으로 생각된다. 그리고 이로 인해 화이자는 시장 내 지위를 더욱 견고히 할 것으로 예상된다.

일반적으로 이런 성장주들은 지속적인 연구개발비 투자 및 시장 지위 구축과 유지 등을 위한 각종 비용 때문에 배당해줄 현금 여력이 많지 않다. 오히려 이런 이유로 성장주들은 보통 자금 확보를 위해 다양한 기업금융 형태의 자금 조달을 진행한다. 이런 점에서 화이자의 4%대 배당 수익률은 회사 규모, 시장 내 지위, 기술력, 파이프라인, 재정 상태 등 여러 측면에서 성장세 안정 국면에 접어들었다는 반증으로 해석된다. 현재 팬데믹 상황에서 여타 고배당주와 견주어도 충분히 살펴볼 가치가 있는 기업이다.

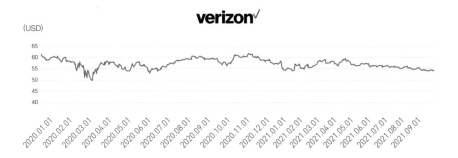

02

미국의 SKT,
버라이즌 커뮤니케이션

기업명 VERIZON COMMUNICATIONS INC | **티커** VZ US

●**상장일** 1984년 2월 15일   ●**시가총액(억 원)** 2,586,270
●**1년 수익률(%)** -7.52   ●**3년 수익률(%)** 3.14   ●**배당수익률(%)** 4.83

일반적으로 고배당을 주는 기업들은 해당 산업이 성숙기에 진입해 안정적인 매출 및 재무 상태를 기반으로 주주 친화적인 정책을 펼치는 기업들이 많다. 대표적으로 통신업이 이에 해당한다. 우리나라도 전통적 배당주 중에 통신 기업들이 포진되어 있고, 이 중 대장주는 SK텔레콤으로 알려져 있다.

안정적인 배당 수익률

미국도 예외는 아니다. 미국의 통신주들 역시 대표적 고배당 기업들에 해당된다. 그중 버라이즌 커뮤니케이션(Verizon Communications)은 우리나라로 치면 SK텔레콤과 같은 통신 대장주이다.

2021년 4월 23일 기준, 버라이즌의 배당수익률은 약 4.38%이고, 코로나19 팬데믹 상황에서도 배당금 축소나 미지급과 같은 배당컷은 발생하지 않았으며, 안정적으로 매년 3~4%대의 배당수익률과 분기 배당을 실시해왔다. 앞서 설명했던 대표적 고배당 ETF인 VYM Top 10 보유 종목에도 포함될 정도로 버라이즌은 미국의 대표적 고배당주이다.

또한 '투자의 귀재' 워렌 버핏의 버크셔 해서웨이가 2020년 12월 31일 기준으로 회사가 보유한 주식과 관련해 증권 당국에 제출한 서류가 공개되면서 2020년 4분기 버핏의 포트폴리오에 버라이즌 커뮤니케이션이 신규 편입되는 모습이 확인되었고, 특히 배당주 사랑으로 유명한 워렌 버핏이 애플의 지분을 줄이고 매입한 버라이즌이었기에 세간의 주목을 받게 되었다.

긍정적인 기업 평가

시장 내 우월적 지위를 구축한 통신주라 하더라도 실적에 대한 변동성이 확대되는 시점은 존재한다. 바로 주파수 쟁탈전이 벌어지는 경매 시즌이다. 최근 가장 이슈가 되었던 미국 5세대(5G) 이동통신용 중대역 주파수(C밴드) 경매 낙찰가는 역대 최대 규모인 811억 달러(약 91조 3,200억 원)를 기록하였다. 이 가운데 버라이즌은 총 5,684개 라이선스 중 62%에 이르는 3,511개 라이선스를 획득하기 위해 455억 달러(51조 2,000억 원)를 지출하였다. 이런 천문학적인 경매는 통신사들로 하여금 과잉 경쟁을 유발하고, 이는 다시 채권 발행 등과 같은 부채 확대를 가져와서 자칫 승자의 저주마냥 실적이나 배당금이 축소될 가능성도 있다. 이럴 경우, 결국 수익성 개선을 통한 부채 축소가 높은 배당수익률 유지의 관건이 될 것이다.

그나마 이번 미국 5G의 주파수 경매에서는 버라이즌에 대한 평가가 대부분 긍정적이다. 그 이유는, 중대역 주파수(C밴드)는 '골디락스 밴드(Goldilocks band)'라고 불릴 정도로 스펙트럼이 넓어 지리적 커버리지와 대량의 데이터를 전송할 수 있는 용량을 모두 제공하기 때문인데, 이런 주파수를 버라이즌이 시장 절반 이상인 무려 62%를 보유하고 있어서다. 이는 결국 5G 서비스 품질 면에서 버라이즌이 시장 내 압도적 지위를 구축하는 근간이 될 것이고, 향후 다가올 본격적인 5G 시대에 있어서 수익성 개선과 고배당주의 지위를 더욱 견고히 할 가능성을 높일 것으로 보인다.

03
미국 대표적 배당주, 코카콜라

기업명 COCA-COLA CO | **티커** KO US

●**상장일** 1919년 9월 15일 ●**시가총액(억 원)** 2,754,839
●**1년 수익률(%)** 6.88 ●**3년 수익률(%)** 9.04 ●**배당수익률(%)** 3.10

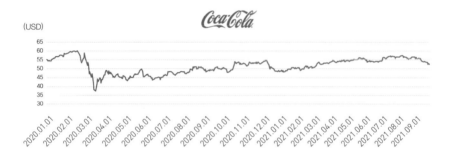

미국의 대표적 배당주라고 불리는 코카콜라(Coca-Cola)는 전 세계 200여 개국 이상에 진출해 있는 글로벌 종합 음료회사이다. 혹자는 코카콜라 회사가 코카콜라만 제조해서 판매한다고 생각할 수도 있다. 하지만 코카콜라 회사는 대표적 상품인 코카콜라를 포함해 다양한 탄산음료, 스포츠 음료, 생수, 주스, 차, 커피 등 총 500여 개 이상 브랜드의 4,700여 종 제품을 보유하고 있는 회사이다. 심지어 이런 다양한 상품들도 코카콜라는 직접 제조해서 완제품을 파는 형태가 아닌, 음료의 원재료인 시럽을 파는 형태가 매출의 절반을 넘어선다. 다시 말해 코카콜라는 완제품 생산 및 판매보다 코카콜라의 '브랜드를 판다'는 쪽에 더 가깝다. 이는 코카콜라가 가진 브랜드 가치(2020년 세계 브랜드 가치 6위, 식음료 부문 브랜드 가치 1위)로 인해 코카콜라만이 구축할 수 있었던 사업모델이다.

그렇다면 누가 제조 및 패키징을 해서 판매를 하는 것일까? 앞서 설명한 대로 코카콜라 회사가 직접 생산 및 판매를 하는 제품도 있지만, 전 세계 각지에 있는 보틀링 회사와 계약해서 완제품을 생산하기도 한다. 또한 시장 내 보틀링 회사들의 파업 등 위기를 대처하는 동시에 회사 수익률 극대화를 위해 자체 보틀링 회사인 'COKE'를 두어 완제품 생산 및 판매도 진행하고 있다. 아마도 이런 내용들은 해외주식에 대한 내공이 쌓인 서학개미들은 기본 상식으로 알고 있을 것이다.

전 세계적 위기 상황에서도 배당금 인상

그렇다면 코카콜라는 배당주로서 어떠한 매력이 있는 것일까? 배당수익률 측면에서 3%대 수준을 보여 고배당 매력은 다소 떨어질 수 있지만 지속되는 코로나19 팬데믹이라는 위기에서 배당금을 인상한 점이 코카콜라를 미국의 대표적 배당주로 손꼽는 단면이 아닌가 싶다. 과거 금융위기 때도 코카콜라는 주당 순이익이 약 36% 증가할 정도로 경기 방어주 중 대장주로서의 역할을 톡톡히 했다.

그런데 사실 코로나19라는 위기를 코카콜라도 피해 가진 못했다. 코로나19로 인한 경제봉쇄조치 여파로 영화관과 식당, 사무실, 경기장 등에서의 음료 매출이 급감하면서 실적은 역성장을 기록하였고, 이로 인해 전 세계 인력 중 2,200명 감원이라는 결정까지 하게 되었다. 이 가운데 코카콜라는 배당금 축소가 아닌 인상을 결정했다. 전분기 대비 2.4%를 인상하면서 50년 이상 유지해온 배당을 포함한 주주 친화 정책을 유지한 것이다.

이에 더해, 코카콜라의 실적 반등에도 파란불이 켜지고 있다. 특히 가정용 식음료에 대한 수요 증가와 경제봉쇄조치 완화에 따른 기존 매출처들의 실적 반등 등의 요인으로 코카콜라의 판매량은 코로나19 이전 수준까지 빠르게 회복되었다. 또한 2021년 1분기 실적 발표 때 나온 음료 제품 가격 인상 계획안도 현재의 원자재 가격 상승에 대한 마진 확보 및 향후 매출 측면에서 성장이 기대되는 대목이다. 따라서 현재와 같이 코로나19에 대한 불확실성이 잔존하는 국면에서의 코카콜라에 대한 배당 투자는 눈여겨봐야 할 부분이다.

04

금융 산업 내 대표적 고배당주, 푸르덴셜 파이낸셜

기업명 PRUDENTIAL FINANCIAL INC | **티커** PRU US

- **상장일** 2001년 12월 13일 ● **시가총액(억 원)** 515,721
- **1년 수익률(%)** 66.95 ● **3년 수익률(%)** 11.24 ● **배당수익률(%)** 4.06

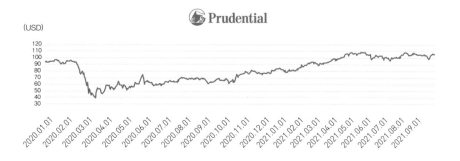

2021년 4월 미국의 소비자물가지수(CPI)가 발표되면서 인플레이션에 대한 우려가 현실화되는 것 아니냐는 의견들이 나오고 있다. 결과치를 살펴보면, 시장 전망치는 전년 동월 대비 3.6% 증가였으나 실제는 무려 4.2%나 증가했다. 이는 10년 만에 가장 높은 상승률에 해당한다. 이 배경에는, 우리 모두가 알고 있듯이, 코로나19로 위축되었던 2020년 경기에서 2021년 코로나19 백신의 본격적인 보급에 따른 경기 활성화 재개가 주요한 영향을 끼쳤다. 다만, 아직까지 이런 인플레이션이 경제의 기초체력 회복에 따른 것인지, 아니면 기저 효과인지에 대한 시장 내 의견은 분분하다.

이런 가운데 투자자인 우리는 인플레이션에 대비한 금리 상승기에 적합한 고배당 주식도 살펴볼 필요가 있다. 그 이유는 금리 인상에 대한 우려로 IT 기업과 같은 성장주에 대한 주가 흐름이 안 좋은 모습을 보인 반면, 전통적 고배당주인 금융 섹터는 오히려 수혜에 대한 기대감으로 좋은 흐름을 이어나가고 있기 때문에 현재의 상황에서는 다양한 투자 대상으로의 분산투자가 필요하지 않을까 싶다.

천재지변 급 악재에도 순이익 증가

주린이에서 벗어난 투자자라면, 금리 인상기에는 예대 마진에서 직접적 수혜를 보는 은행주를 포함한 금융주가 실적 개선 측면에서 빠르게 진행된다는 것은 알고 있을 것이다.

다만, 필자가 은행이 아닌 미국의 대표적인 대형 보험주인 푸르덴셜 파이낸셜(Prudential Financial)을 소개하는 이유는 배당수익률이 상대적으로 높다는 점이 첫 번째로 작용하였고, 두 번째는 코로나19 백신의 또 다른 수혜주이기 때문이다. 2020년 코로나19가 창궐하고 나서 2022년 전 세계 사망자 수는 500만 명을 돌파했고, 이 가운데 미국 내 사망자 수도 85만 명을 돌파했다. 이런 악재는 생명보험사인 푸르덴셜 내 미국보험사업 부문에서 사망보험금 청구 증가로 이어져 실적에 있어 부정적인 영향을 끼쳤다.

그런데 푸르덴셜은 이런 천재지변 급의 악재에도 불구하고 2021년에 전년 대비 무려 약 85.6%의 순이익 증가를 기록하였다. 사실 이러한 수익 가운데 지분 매각이 포함되었지만, 설령 그 부분을 제외하더라도 10개 분기 내 최대 실적을 기록하며 견조한 실적 흐름을 보였고, 배당금 또한 4.6%나 증가하며 대표적 고배당주의 모습을 보였다.

물론 현재 보험 산업 자체에 대한 부정적인 시각은 존재한다. 선진국을 중심으로 한 인구 감소 및 고령화가 보험 업계에 있어 부담이 되는 것은 사실이다. 하지만 현재 푸르덴셜 파이낸셜을 주목해야 할 부분은 코로나19의 종식과 금리 인상이다. 코로나19 종식에 따른 사망보험금 청구 감소 효과, 금리 인상에 따른 투자 손익 개선, 이 두 가지 모두 현재의 생명보험 업계가 놓인 사업 환경보다 더 악화되기는 어려운 상황으로 보이기에 푸르덴셜 파이낸셜이 마음 편한 고배당주가 될 것으로 생각된다.

05

미국의 KT&G,
알트리아

기업명 ALTRIA GROUP INC | **티커** MO US

●**상장일** 1923년 3월 15일 ●**시가총액(억 원)** 1,051,402
●**1년 수익률(%)** 24.11 ●**3년 수익률(%)** −0.45 ●**배당수익률(%)** 7.44

우리나라에 담배 관련 대표 주식으로 KT&G가 있다면 미국에
는 알트리아그룹(Altria Group)이 있다. 두 회사 모두 담배 산업을
영위하다 보니 성장성은 크지 않지만 불경기에도 안정적인 실적
을 바탕으로 꾸준하게 높은 배당수익률을 제공한다는 공통점이
있다.

해외주식 투자 경험이 적은 투자자라면 알트리아그룹이 친숙하지
않을 것이다. 알트리아는 현재 미국 담배 업계의 시장 리더이자 과

거 필립모리스(Philip Morris USA)에서 리브랜딩한 기업이다. 참고로, 담배 회사로 잘 알려진 필립모리스 인터내셔널(Philip Morris International)은 과거 전신이었던 필립모리스 컴퍼니(Philip Morris Companies)에서 알트리아와 함께 분사한 회사이다.

그럼 알트리아는 어떤 상품을 판매할까? 바로 그 유명한 말보로 (Malboro)이다. 담배를 피워본 사람이라면 누구나 한 번쯤 들어봤을 것이다. 이 외에도 최근 수요가 늘고 있는 전자담배 브랜드인 아이코스(IQOS)나 쥴(JUUL) 회사에도 투자한 기업이다. 담배와 관련해서는 다양한 제품군을 확보하고 현재 트렌드에 발맞춰 상품 매출에 대한 다변화를 진행하고 있다.

다만, 담배에 대한 수요가 지속적으로 줄고 있다는 점과 정부가 담배를 바라보는 부정적인 시각과 규제 등이 알트리아를 주의 깊게 바라봐야 하는 부분이다. 1950년대만 하더라도 미국의 흡연자 비율은 무려 45%였지만, 2018년에는 16%까지 줄어들었을 정도로 꾸준하게 감소하고 있다. 또한 미국의 담배에 대한 규제가 갈수록 까다로워지고 있는 점도 알트리아를 비롯한 담배 기업들의 실적에 부정적인 요인으로 작용할 수 있다.

50여 년간 유지해온 높은 배당금

하지만 이런 악재 속에서도 알트리아는 50년 넘게 고배당을 유지하고 있다. 아무래도 담배가 지닌 중독성 때문에 정부의 규제나 시장 내 시각 변화에도 불구하고 양호한 실적을 유지하는 것 같다.

다른 산업 대비 실적이 양호한 산업

알트리아는 코로나19 팬데믹 상황에서 다른 기업과 비교해도 고배당주로서 충분히 매력이 있는 기업이다. 먼저 담배 산업은 역설적으로 코로나19로 인해 판매량이 증가 또는 유지되며 수혜를 보고 있다. 국내에서도 4년 만에 담배 판매가 4.1% 증가했고, 미국 담배 판매도 수십 년 동안 이어졌던 담배 판매 감소세가 멈춰 전년 수준을 유지하였다. 이는 코로나19 여파로 사람들이 집에 머무르는 시간이 늘고 여가 활동이 제한되면서 담배를 피울 여건이 많아진 영향이라고 볼 수 있다.

이렇듯 코로나19 종식 전까지 다른 산업 대비 담배 산업은 양호한 실적을 유지할 것으로 보인다. 또한 알트리아가 여타 담배 기업들보다 더 매력적인 점은 사업 영역을 담배 외 영역까지 확장하면서 사업구조를 다변화하고 있기 때문이다. 특히 전략적으로 벨기에 맥주 제조회사인 앤하이저부시 인베브(ABInBev. 티커: ABI)와 최근 이슈가 되고 있는 대마초 생산 및 판매 회사인 크로노스그룹(CRONOS Group)에 투자를 진행하면서 위축되는 담배 산업에 대한 리스크 관리도 하고 있다. 향후 10년, 20년 후에 알트리아가 어떤 기업으로 변모할지는 알 수 없지만, 현재 시점에서는 담배 산업에 대한 견조함과 안정적인 고배당 매력이 있어 충분히 검토할 가치가 있다고 생각된다.

저금리 시대를 극복하는
투자 대안처, 배당 성장주

최근 인플레이션에 대한 우려가 제기되면서 오랫동안 강세를 보여
왔던 성장주에 대한 시장 내 고민들이 커지고 있다. 현재의 물가상승
률과 경기회복세에 대한 확인만 이루어진다면 미국을 포함한 유럽
등 선진국 중앙은행에서 금리 인상 카드를 사용할 확률이 높기에 자
금 조달에 대한 이슈가 없는 기업은 투자 자산에 변화가 일어나는 국
면에 진입한 형국이다. 대표적으로 현금 여력이 충분해서 배당 여력
이 검증된 기업들, 이보다 조금 더 큰 범주인 가치주에 대한 자금 유
입이 하나의 현상으로 볼 수 있다. 그렇게 시장에 대한 단기적 변동
성도 확대되다 보니 투자자들 성향도 이전과는 다르게 좀 더 보수적
으로 변화하고 있다.

하락장에서도 대규모 원금 손실 없이 안정적으로 수익을 확보할
수 있는 자산에 대한 관심이 최근 시장 내 흐름으로 나타나고 있다.
이런 관점에서 봤을 때 앞서 이야기했던 고배당주도 하나의 대안이

될 수 있지만, 배당이 지속적으로 성장하는 배당 성장주도 좋은 대안이 될 수 있다. 배당 성장주는 과거에도 장기적으로 매력적인 수익률을 올려왔으며, 금리 상승기에도 좋은 수익률을 보였었다.

배당 성장주로 분류되는 기업들을 살펴보면, 경기가 개선될 때 수혜를 보는 경기 민감주가 대부분이어서 최근의 시장 상황과도 일정 수준 적합하다. 또한 주가의 하방 경직성 측면에서도 배당 성장주는 일반 주식이나 고배당주 대비 견조한 모습을 보여왔다.

배당하락장에서의 수익률 비교 : 배당성장주 vs 고배당주

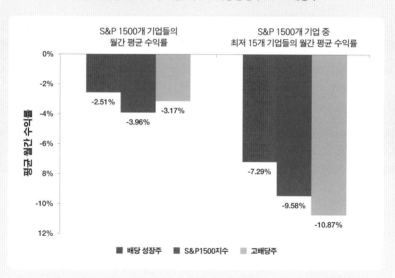

과거 S&P1500 기업들의 하락했던 월 수익률을 살펴보면, 평균 손실폭은 배당 성장주가 -2.51%, 고배당주가 -3.17%, S&P1500 지수가 -3.96%를 각각 기록했다. 또한 과거 월별 기준 최대 하락폭

을 기록했던 15개월치를 조사해보니 평균 손실폭이 배당 성장주가 -7.29%, S&P1500 지수가 -9.58%, 고배당주가 -10.87%를 각각 기록하면서 배당 성장주가 하락장에서도 상대적으로 견조한 모습을 보여왔다. 따라서 높진 않지만 배당을 목적으로 투자하면서 현재의 시장 상황처럼 경기회복과 물가 상승을 기대하는 투자자라면 배당 성장주 또한 꼭 살펴보길 권한다. 다만, 국내에서는 배당을 꾸준히 늘린 기업을 찾는 것이 어려우니 이 또한 보다 성숙된 미국 시장 중심으로 살펴보자.

배당 성장주 산업 대표 ETF : VIG, NOBL, DGRW, REGL

티커	ETF명	자산 총액	설정일	운용 보수 (연간)	연초 대비 수익률	일 평균 거래량(주)	ETF 주당 가격(달러)
VIG	Vanguard Dividend Appreciation ETF	64.67B	2006/4/21	0.06%	17.64%	2,223,651	166.00
NOBL	ProShares S&P500 Dividend Aristocrats ETF	9.13B	2013/10/9	0.35%	16.26%	706,396	94.98
DGRW	WisdomTree US Quality Dividend Growth Fund	19.39B	2005/8/5	0.35%	17.45%	390,742	63.04
REGL	ProShares S&P MidCap 400 Dividend Aristocrats ETF	1.01B	2015/2/5	0.41%	14.84%	37,049	72.35

(단위 _ B: 십억 달러 | 출처 _ 2021년 12월 6일 종가 기준, 각 ETF 운용사 팩트시트)

VIG, NOBL, DGRW, REGL은 대표적으로 배당 성장주에 투자하는 ETF이다. 이 ETF들의 차이는 종목을 구성하는 기준에 있다. 공통점은 4개의 ETF 모두 미국에 상장된 기업에 투자하는 것이며, 가장 큰 차이점은 추종하는 벤치마크와 배당을 얼마나 오랫동안 꾸준히 증가시켰는지이다.

❶ VIG는 나스닥 기업들 가운데 10년간 배당금을 늘린 기업을 시가총액 기준 가중평균한 비중으로 종목을 구성하였다.

❷ NOBL은 S&P500 기업들 중 25년 연속 배당금을 늘린 종목들을 균등하게 배분하였다. 다만, 한 산업에 편중되는 부분을 고려해 섹터에 대한 가중치는 최대 30%로 제한하였다.

❸ DGRW는 자체적으로 기업 수준에 해당하는 기준안을 바탕으로 구성한 비교지수 내에서 배당금을 5년 이상 그리고 배당성향을 75% 이내에 해당하는 기업들에 투자하는 ETF이다.

❹ REGL은 미국 내 대기업이 아닌 중견기업 가운데 최소 15년 이상 배당금을 증가시킨 기업들에 균등하게 투자하는 ETF이다.

배당 성장주 ETF의 경우, REGL을 제외하고는 고배당주 ETF와는 다르게 대표적인 ETF들의 전략상 특별한 차이는 없는 편이다. 따라서 ETF 내 보유한 Top 10 종목과 비중, 운용보수, 거래량 등을 확인해서 투자하는 방법이 괜찮을 것으로 보인다.

[VIG 상위 10개 종목]

마이크로소프트	4.97%
JP모건	3.75%
유나이티드헬스	3.60%
존슨앤존슨	3.55%
홈디포	3.27%
P&G	2.89%
비자	2.83%
컴캐스트	1.95%
애보트래보레토리	1.88%
엑센츄어	1.88%
TOP10 종목 비중	30.57%

[NOBL 상위 10개 종목]

A.O.Smith	1.86%
앨버말	1.76%
W.W. Grainger	1.71%
셔윈-윌리엄스	1.69%
로우스	1.68%
맥코닉&컴퍼니	1.68%
애브비	1.66%
오토매틱 데이터	1.63%
넥스트에라에너지	1.63%
P&G	1.63%
TOP10 종목 비중	16.93%

[DGRW 상위 10개 종목]

마이크로소프트	6.22%
애플	5.38%
존슨앤존슨	4.06%
화이자	4.05%
버라이즌	3.39%
P&G	2.81%
코카콜라	2.78%
시스코시스템즈	2.57%
알트리아	2.51%
펩시코	1.88%
TOP10 종목 비중	35.65%

[REGL 상위 10개 종목]

르네상스	2.10%
팩트셋	2.07%
누스킨	2.02%
레갈 렉스노드	2.02%
RPM 인터	2.01%
허브벨	2.01%
OGE에너지	2.01%
실건 홀딩스	1.99%
내셔널 풀 개스	1.99%
투시 롤 인더스트리트	1.98%
TOP10 종목 비중	20.2%

[출처: www.ETF.com, 2021년 11월 2일 기준]

코로나19로 달라진 해외주식 시장!
무엇을 보고, 어떤 주식에 투자해야 할까?

미국의 대표적 배당 귀족주, IBM

기업명 INTL BUSINESS MACHINES CORP | **티커** IBM US

● **상장일** 1915년 11월 11일 ● **시가총액(억 원)** 1,348,720
● **1년 수익률(%)** 10.32 ● **3년 수익률(%)** 4.37 ● **배당수익률(%)** 5.14

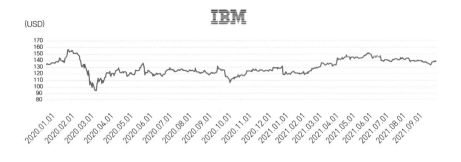

세계적 스포츠 축구의 꿈의 무대는 프리미어리그다. 그 자리에 올라서기까지 2~4부 리그 격인 EFL 1, EFL 2, EFL 챔피언십을 꼭 거쳐야만 한다. 미국 배당에도 이런 등급이 있는데, 꾸준하게 배당을 늘리고 주주 가치를 위해 노력하는 기업들을 배당금 증가 햇수에 따라 등급을 나눠 별칭을 붙인다. 50년 이상 배당금을 늘려온 기업은 배당왕(Dividend King), 25년 이상 배당금을 늘려온 기업은 배당귀족(Dividend Aristocrats), 10년 이상 배당을 늘려온 기업은 배당성취자

(Dividend Achievers), 25년 이상 배당금을 늘려온 기업은 배당챔피언 (Dividend Champions), 10~24년 연속 배당금을 늘려온 기업은 배당 경쟁자(Dividend Contenders), 5~9년 연속 배당을 늘려온 기업은 배당도전자(Dividend Challengers)라고 부른다. 이 중에서 배당왕, 배당귀족, 배당성취자를 합쳐서 배당블루칩(Dividend Bluechips)이라고 한다.

세계 최대의 IT 솔루션 및 기업 컨설팅 업체 IBM(International Business Machines)은 배당귀족에 해당한다. 배당귀족 등급에 해당하는 기업은 2020년 기준 약 65개 정도인데, 미국 내에서도 배당 성장에 대한 안정성이 입증된 기업들이라고 볼 수 있다.

미래의 핵심 사업을 영위

IBM은 워낙 유명한 회사라 자세한 설명은 필요하지 않을 것으로 보이나, 최근 급변하는 시장 상황에 발맞춰 주력 사업 부문에 변화가 있기에 확인할 필요가 있다.

사실 IBM은 1980~1990년대에 컴퓨터를 했던 사람이라면 매우 친숙한 회사이고, 현재는 PC가 아닌 인공지능 분야와 클라우드, 반도체 관련 특허 등 IT 관련 분야에서 아마존이나 알파벳 등과 같이 세계를 선도하고 있다. 특히 클라우드&데이터 플랫폼 사업 부문의 경우, 최근 하이브리드 클라우드 시장의 강자인 레드햇(Red Hat)을 인수하면서 두 자릿수 매출 성장세를 기록하고 있다. 인지 애플리케이션(Cognitive Application)이라고 불리는 인공지능 사업 부문에서도 왓슨을 바탕으로 꾸준한 매출 성장세를 기록 중이다.

이런 미래의 핵심 먹을거리라고 불리는 분야들이 IBM이 영위하는 사업이고, 이런 전방산업들의 성장성 측면에서 IBM을 기술주이자 성장주로 분류하기도 한다.

장기적 성장, 안정적인 배당

투자자 관점에서 이런 회사가 배당금을 꾸준히 늘리면서 주주 친화적인 정책까지 펼친다면 어떤 부분을 기대할 수 있을까?

아마도 기업가치 상승에 따른 주가의 자본차익과 안정적 배당을 기대할 수 있을 것이다. 물론 기업의 주식 가격이 영위하는 산업의 성장성만으로 상승을 바라는 것은 과도한 기대일 수 있다. 하지만 배당수익률 측면에서 아마존, 알파벳과 비교해보면 4~5%대 수준의 배당수익률을 보이는 IBM은 이미 충분한 매력이 있으며, 주가 상승에 대한 가능성은 하나의 별책 부록이 될 수 있다. 참고로 아마존, 알파벳의 경우 현금 배당을 하지 않는다.

다만, 최근 레드햇을 인수하면서 일시적으로 증가한 부채에 대한 부담이 IBM의 주가 상승에는 부정적인 요인으로 작용할 수 있겠다. 하지만 클라우드 및 인공지능 분야에 대한 긍정적인 시각을 가진 투자자라면 장기적인 관점과 안정적인 배당수익 측면에서 관심을 갖고 살펴볼 가치가 있는 기업이다.

코로나19 팬데믹의 대표적 수혜주, 벡톤디킨슨

기업명 BECTON DICKINSON AND CO | **티커** BDX US

● **상장일** 1962년 5월 16일 ● **시가총액(억 원)** 832,581
● **1년 수익률(%)** 2.06 ● **3년 수익률(%)** 2.82 ● **배당수익률(%)** 1.35

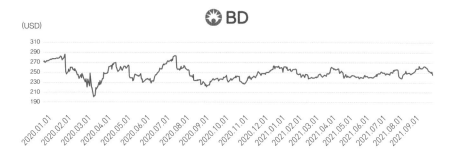

코로나19의 확산 속도가 가팔랐던 2020년 1~2분기에 가장 이슈가 되었던 부분은 확진자 파악이었다. 그 당시 코로나19 진단 키트를 만들었던 국내 의료 기업들은 각국으로 대규모 수출 계약을 하면서 실적 성장을 이루었다. 이건 비단 우리나라 업체들만의 이야기는 아니다. 미국에도 코로나19 진단 키트의 제조 및 판매로 직접적인 수혜를 본 기업이 있다. 바로 글로벌 의료기기 제조업체인 벡톤디킨슨(Becton Dickinson and co.)이다.

헬스케어 산업의 성장에 따른
안정적인 실적 성장세

헬스케어 산업은 세계 인구의 고령화, 필수적 의료비 지출 증가, 신흥 시장 내 기회의 영향으로 장기성장 섹터로 분류되곤 한다. 그러다 보니 경기침체기에도 상대적으로 실적에 대한 회복성이 빠른 편이다. 특히 의료기기 제조업체들의 경우 불확실성이 높은 신약 개발에 대한 연구비 지출이 없다 보니 시장 내 독과점적 지위를 구축할 수 있는 기술 또는 제품을 보유할 경우 안정적인 실적 성장세를 보이는 경향이 있다. 벡톤디킨슨이 바로 이런 기업에 해당된다.

특수 주사기 분야의 선도 업체 벡톤디킨슨은 1897년에 설립된 이후 현재 190개 이상의 국가에서 7만 명 이상의 직원을 보유하고, 연간 매출이 170억 달러 수준을 기록하는 등 대표적인 의료기기 대장주이다. 그런 데다 코로나19 진단 장비 개발에도 성공해 2020년 5월 이후 미국 내에서 제조 및 판매를 시작하였고, 코로나19 백신이 나오면서 이슈가 되었던 백신 전용 특수 주사기로 인해 벡톤디킨슨의 가치와 성장성은 재부각되었다.

이렇듯 전 세계 1위 특수 주사기 제조업체인 벡톤디킨슨은 코로나19 팬데믹 상황에서 직접적으로 수혜를 보는 의료기기들의 판매 증대와 함께 전체 매출 신장을 일궜고, 이런 흐름은 코로나19 종식 전까지 지속될 것으로 보인다.

다양한 매출처

코로나19의 이슈 외에도 벡톤디킨슨의 안정적인 성장에 무게를 싣는 요인은 다양한 매출처를 꼽을 수 있다. 벡톤디킨슨의 국가별 매출 비중을 살펴보면, 미국 외 국가 매출이 약 43%에 달할 정도로 매출처 다변화가 안정적으로 이루어져 향후 신흥 시장 내 성장성을 고려할 때 동반성장 가능성이 높은 편이다.

다시 말해, 미국 외 여타 선진국 또는 신흥국들의 의료비 지출 증대와 고령화는 벡톤디킨슨의 성장 동력의 바탕이 될 것으로 보인다.

과거에도 앞으로도 기대되는 안정적 배당

배당은 어떨까? 벡톤디킨슨은 2020년 코로나19 팬데믹 상황에서도 약 5.1%의 배당금 인상을 하면서 49년 연속 배당금 인상을 지켜오는 대표적 배당귀족주이다. 또한 최근 5년간 연평균 배당 성장률이 약 4.7%, 최근 10년은 약 7.3% 수준으로 물가상승률뿐 아니라 국채 수익률 이상의 성장률을 지켜오고 있다. 특히 벡톤디킨슨의 배당 여력은 여타 배당주 대비 매우 안정적이다. 2020년 기준 배당성향이 26% 수준밖에 되지 않기에 벡톤디킨슨 입장에서도 현재의 배당금과 인상률은 부담되지 않는 상황이다. 따라서 벡톤디킨슨의 향후 배당 안정성은 상대적으로 높은 편이라고 볼 수 있다.

다만, 현재의 배당수익률은 다소 낮지만, 향후 기업의 성장성과 안정적 배당을 모두 노린다면 꼭 관심을 가질 가치가 있는 기업이다.

03

글로벌 No.1 금융주,
JP모건

기업명 JPMORGAN CHASE&CO | **티커** JPM US

●**상장일** 1969년 3월 5일 ●**시가총액(억 원)** 6,009,240
●**1년 수익률(%)** 65.90 ●**3년 수익률(%)** 20.67 ●**배당수익률(%)** 2.34

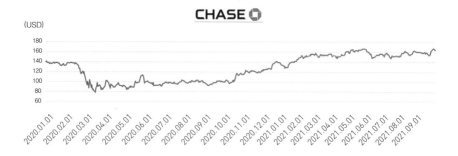

주식에 관심이 있는 투자자라면 금리 인상기의 대표적 수혜 산업
이 금융주임은 상식처럼 알고 있을 내용이다. 금융주 안에서도 특히
은행 산업은 예대 마진이라고 불리는 예금-대출금리 차이가 확대되
면서 이자수익에 직접적인 긍정적 영향을 받는다. 그런데 시장은 현
재의 경기 국면을 코로나19의 영향에 따른 기저효과, 또는 백신이 나
오면서 자가 및 집단면역이라는 사실상 '일상으로 회복하기(Back to
normal)'에 대한 의문 사이에 있다고 보고 있다. 특히 코로나19 변종

출현이라는 불확실성도 현재진행형으로 남아 있다. 그리고 기업 중심의 실적 회복세가 나타나는 현재의 상황을 고려할 때 이자수익 비중이 너무 크거나 소매금융 비중이 높은 사업구조보다는 비이자수익과 기업금융 비중이 높은 금융 기업에 투자하기에 적합한 시기라고 생각된다. 이런 기준에 부합되는 곳이 JP모건(JPMorgan Chase&Co.) 이다.

종합금융 회사로서의 안정적인 포트폴리오

사실 JP모건은 규모 측면에서는 논할 것이 없는 회사이다. 시가총액 기준으로 전 세계 1~2위를 다투는 명실상부한 글로벌 톱 금융주이며, 미국 내 1위의 투자금융 회사이다. 이로 인해 "JP모건은 미국이 망하지 않는 이상 망하지 않을 것"이라는 농담도 나오곤 한다.

그렇다면 JP모건의 매출 구성은 어떨까? 2021년 1분기 실적 발표 기준으로 보면, 이자와 비이자수익의 비중이 각각 39.3%, 60.7%로 이자수익은 전체 매출의 절반도 되지 않고, 비이자수익이 전체 수익의 대부분을 차지하고 있다. 그리고 비이자수익 내에서도 소위 IB(Investment Banking)라고 불리는 투자은행의 수수료가 전체 매출의 약 44.1%이고, 자산관리 부문도 12.3%나 되는 등 종합금융회사로서 안정적인 포트폴리오를 구축하고 있다.

이런 부분에 주목하는 이유는 현재 은행을 중심으로 한 금융업의 구조적 위기 때문이다. 언론을 통해 이미 국내의 은행, 증권, 보험 등과 같은 금융회사들은 지점 통폐합을 통해 조직 '슬림화'를 진행하고 있음은 많이 알려진 사실이다. 미국 금융 산업에서도 이런 노력들이 이루어지고 있다. 이 배경에는 핀테크의 발전이 주요하게 작용했다. 특히 은행의 경우 결제, 환전, 송금 등과 같은 은행 본업의 업무에 핀테크 기업들이 치고 들어오면서 은행 지점들의 수익성이 갈수록 떨어지는 상황이다. 이렇다 보니 은행과 같은 금융주들은 전통적으로 '경기 순환주'로서의 실적 흐름을 아직까지 보여주고 있지만, 향후에는 현재의 단순한 예대 마진 외의 경쟁력 있는 사업 부문을 구축하는 것이 기업의 성장과 주가의 향방에 중요해질 것으로 보인다.

안정적인 배당, 배당 확대에 대한 충분한 여력

JP모건의 또 다른 투자 매력 포인트는 바로 배당에 있다. 현재 2%대의 배당수익률을 안정적으로 제공하고 있으며, 배당 확대에 대한 여력도 충분한 상황이다. 또한 역사적으로 금융주들에게 가장 힘들었던 금융위기를 포함한 그 이후의 저금리 기조 국면에서 JP모건의 배당 이력들을 살펴보아도, 여타 금융회사 대비 안정적인 모습을 확인할 수 있다.

참고로, 상대적으로 포트폴리오가 비슷한 웰스파고(Wells Fargo)의 경우, 배당수익률은 더 높은 편이지만 2020년에 배당컷을 단행하며 배당의 변동성 리스크가 확인되었다.

다시 말해, 현재 JP모건은 다변화된 포트폴리오 구축을 통해 안정적인 배당을 제공해줄 여력이 있을 뿐만 아니라, 향후 미국 중앙은행의 금리 인상 시에도 이자수익 확대를 통한 배당금 상향 가능성도 있기에 관심을 가질 필요가 있다.

글로벌 No.1 인적자원 관리 회사, ADP

기업명 AUTOMATIC DATA PROCESSING | **티커** ADP US

● **상장일** 1961년 9월 12일 ● **시가총액(억 원)** 1,082,903
● **1년 수익률(%)** 46.07 ● **3년 수익률(%)** 17.26 ● **배당수익률(%)** 1.71

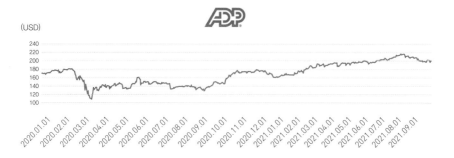

중앙은행들은 경기의 회복세를 판단할 때 수많은 지표들 가운데 인플레이션과 실업률을 주요 지표로 참고한다. 인플레이션의 경우 소비와 직결되어 나타난 수치이기에 소비재 기업들이 과거 인플레이션 국면에서도 긍정적인 실적과 주가의 흐름들을 보여왔다. 그렇다면 실업률은 어떨까? 사실 실업률과 같은 고용 지표와 기업의 실적이 직결된 기업들은 많지 않다. 또한 이런 기업들 가운데 배당금을 꾸준하게 인상하는 기업은 더욱 찾기 힘들다. 그런데 미국의

ADP(Automatic Data Processing)가 이 두 가지를 모두 만족시키기에 현재의 시장 국면에서 주목할 필요가 있다.

ADP라는 기업은 굳이 주식 경험이 없는 사람도 경제 뉴스에 관심이 있다면 낯설지 않을 것이다. 매월 미국에서 발표되는 고용보고서의 자료 작성 및 발표 기관이 바로 ADP이기 때문이다. 그렇다면 도대체 어떤 회사이기에 미국의 고용보고서를 작성해서 배포까지 할까?

인적자원 관리 분야의 최고 업체

ADP는 급여, 복리후생, 인사 관리 등의 업무를 수행하는 시스템 제공부터 ADP 소속 직원을 고객사로 파견해 업무를 대행해주는 용역 아웃소싱 서비스까지, 인적자원 관리 분야의 솔루션 및 서비스를 전반적으로 제공하는 업체이다. 시장 내 ADP는 전 세계 140개국 이상 총 86만 명의 고객을 확보하고 있는 최고의 업체다. 단적인 예로 미국 근로자 6명 중 한 명이 ADP를 통해 월급을 받고, 포춘 500대 기업 중 80% 이상이 ADP 시스템을 사용한다. 이로 인해 이 기업은 자연스럽게 미국 고용보고서를 작성할 수 있을 정도의 폭넓은 고객 및 방대한 데이터를 경쟁력으로 갖추게 되었다. 인적자원 관리 시스템의 경우, 민감한 데이터 및 사용자의 편의성으로 인해 용역 업체 변경이 쉽지 않기 때문에 회사들의 인적자원 증가는 곧 ADP의 잠재적 고객이자 장기매출 재원이 될 가능성이 높다.

실적 및 배당 안정성

그럼 배당은 어떨까? ADP의 배당수익률은 1~3%대 수준으로, 고배당으로 분류하기에는 다소 부족하다. 하지만 코로나19 팬데믹 상황에서도 배당금을 올렸고 25년 이상 매년 배당금을 인상해서 배당귀족주에 해당될 정도로 배당의 안정성이 증명된 기업이다.

사실 2020년 팬데믹 선언은 ADP 실적 측면에서도 분명한 악재였다. 미국 실업률이 14.8%까지 치솟았던 2020년 2분기의 상황을 ADP 사업 부문별로 살펴보면, 기존 고객들의 폐업 또는 인력 감원으로 ADP 시스템을 해지해서 생긴 매출 감소가 직접적으로 작용했다. 그나마 다행히도 ADP 시스템을 사용하기에는 규모 면에서 작은 중소기업들 대상의 용역 아웃소싱 부문에서 매출이 성장해 ADP 전체 매출의 역성장을 제한하였다. 또한 코로나19 백신 보급이 시작된 2020년 하반기 말부터는 오히려 실적 회복이 본격적으로 이루어지면서 단숨에 코로나19 발병 이전 수준까지 회복했다. 이를 바탕으로 ADP는 2020년도에도 8%대로 배당을 인상했고, 이는 무려 46회째 연속 인상이었다.

빠른 경기회복세로 경기 민감주가 가파르게 상승한 현 시점에서 코로나19라는 대악재에서도 견조했던 인적자원 관리 시장, 그리고 ADP의 실적 및 배당 안정성은 안정적 투자의 관점에서 검토해볼 가치가 있다.

05

미국 최대 규모 식료품 소매업자, 크로거

기업명 KROGER CO | **티커** KR US

● **상장일** 1928년 1월 26일　● **시가총액(억 원)** 351,131
● **1년 수익률(%)** 22.78　● **3년 수익률(%)** 15.16　● **배당수익률(%)** 2.10

코로나19가 창궐하면서 오프라인 소매점들은 큰 타격을 받았지만, 전자상거래가 큰 수혜를 본 사실은 그 누구도 부인하지 못할 것이다. 그런데 이런 오프라인 소매점들의 힘든 영업 환경 속에서도 살아남은 업종이 있다. 바로 의식주 중 '식'에 해당하는 오프라인 식자재 유통 소매점들이다. 이 소매점들은 금융위기 때에도, 코로나19 팬데믹에서도 양호한 실적을 유지했다는 것이 확인되었다.

그렇다면 미국에서는 어떤 기업들이 예상치 못한 위기 속에서도 양호한 실적을 유지했을까? 이런 기업들 가운데 배당까지 꾸준히 주는 기업이 있을까? 있다. 미국 최대 규모 식료품 유통업체인 크로거(Kroger)이다. 크로거는 또한 10년 이상 꾸준히 배당금을 인상시켜온 배당성취 기업이다.

위기 속 폭발적 성장

크로거는 앞서 설명되었던 기업들에 비해 국내 투자자들 사이에서 인지도가 다소 떨어질 수 있다. 하지만 미국에서 거주했던 투자자 또는 배당주에 관심이 높은 서학개미들에게 크로거는 매우 친숙한 기업이다. 단적인 예로, 크로거는 2020년 포춘 500대 기업 중 23위에 올랐으며, 미국 전역에 약 2,800여 개의 식료품 슈퍼마켓을 보유하고 있다. 또한 1883년에 설립되어 지금까지 다양한 인수합병으로 성장해 현재 종업원 수만 약 46만 5,000명이다. 특히 코로나19 팬데믹 상황에서 대부분의 기업들은 감원을 단행했지만, 크로거는 폭발적으로 매출이 성장해 약 3만 명을 신규 채용할 정도로 미국 시장에서는 안정적인 사업을 영위하는 기업 중 하나로 손꼽는다.

그렇다면 왜 크로거에 주목해야 할까? 워렌 버핏은 미국의 No.1 종합 리테일러인 월마트(Walmart) 주식을 20년간 보유하다가 2018년에 매도한 뒤 2020년부터 크로거의 지분을 매입하였다. 워렌 버핏이 밝힌 크로거 투자 이유는 '싸고 안정적이어서'로 요약된다. 앞서 설명한 내용도 이와 일맥상통한다. 필수 소비재 중 경기 민감도가 떨어지는 식료품 리테일 산업 내 No.1 기업인 크로거의 매출 안정성과 꾸준한 배당 성장은 분명 안정적인 투자를 지향하는 투자자들에게는 매력적임에 틀림이 없다.

전자상거래의 활성화로 인한 매출 성장

게다가 크로거는 최근에 성장성까지 갖추었다. 바로 전자상거래이다. 우리나라에서도 2020년부터 식자재 배달이 일상화되기 시작했는데, 미국에서도 '마켓컬리'와 같은 사업모델이 본격적으로 성장하고 있다. 2020년 미국 전자상거래 Top 10 기업들을 살펴보면, 대부분 종합 또는 전자제품 특화 유통업체들이 포진되어 있다. 이 와중에 식료품 매출 비중이 높은 유통업체는 크로거와 코스트코(Costco)가 9위, 10위를 각각 기록하였다. 크로거는 2020년 2분기 온라인 매출 부문 성장이 전년 대비 무려 127%를 기록하였다. 이런 폭발적인 매출 성장세에 발맞춰 크로거는 배송 관련 시설에 대한 투자를 확대해 현재 2,000여 개의 픽업 센터와 2,400여 개의 딜리버리 스테이션을 보유하고 있다. 따라서 현재 지속적으로 증가하고 있는 식료품 및 밀키트에 대한 수요가 늘어날 경우 크로거의 성장도 기대된다.

다만, 코로나19의 진정세로 '집밥'이 아닌 '외식'에 대한 니즈가 커지면 현재 배송 관련 투자를 확대하고 있는 크로거 실적에 다소 부정적 영향을 끼칠 가능성도 있기에 미국 내 '사회적 거리 두기' 정책에 대한 관심이 꾸준히 필요할 것으로 보인다.

저금리 시대를 극복하는
투자 대안처, 리츠

저금리-저성장 기조 가운데 경기 회복으로 인한 물가 상승은 투자자로 하여금 많은 고민을 하게 한다. 그 이유는 안전한 자산에 투자해서 얻는 소득은 자칫 물가상승률에 미치지 못할 수 있어 좀 더 공격적인 투자를 고민하게 만들기 때문이다. 이런 측면에서 인플레이션 구간에서 투자자들이 선호하는 투자 자산은 보통 인플레이션 헤지(hedge)용 상품이다. 그렇다면 인플레이션 헤지용 자산들로는 어떤 게 있을까?

대표적으로 과거 인플레이션 구간에서 가장 높은 수익률을 보여왔던 고위험 자산인 원자재가 있고, 안전 자산 가운데 물가에 연동하는 물가연동채가 있다. 그리고 마지막으로, 인플레이션 상승률에 부합하는 임대료 상승으로 수익률이 연동되는, 상대적 중위험 상품인 부동산 또는 인프라 등이 있다. 이 중에서 일반 투자자들 입장에서 감내가 가능한 위험과 만족할 만한 수익률을 고려한다면, 원자재와 물가연동채 투자에는 선뜻 접근하기 어려울 것이다. 반면, 부동산은 좀 다르다. 먼저, 일반 투자자들에게 부동산이라는 자산에 대한 친숙도는 여타 자산에 비해 높은 편이고, 이에 더해 리츠(REITs)라는 투자 상품의 구조는 실물 부동산이 가진 한계점을 보완하면서 개인 투자자들의 접근성도 높였다. 또한 수익률 측면에서도 리츠라는 구조가 부동산의 임대수익을 기반으로 배당수익률을 극대화한 투자 상품이기에 배당을 쫓는 개인 투자자 입장에서도 매력적으로 다가올 것이다.

현재 선진 글로벌 리츠들의 배당수익률은 3~5% 수준이고, 거래량도 국내 리츠들과는 다르게 일반 주식의 유동성 수준만큼 풍부하다. 또한 리츠 시장의 제도 및 정보의 투명성 측면에서도 국내 시장 대비 리스크도 거의 없다.

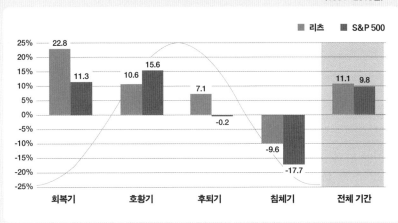

경기 사이클별 총 수익률 비교 : US 리츠 vs S&P500
(1991~2018년)

투자 타이밍 측면에서도 리츠는 현재 시점에서 분명 매력이 있다. 특히 미국의 과거 경기 사이클별 리츠와 주식의 수익률을 살펴보면, 경기 침체기나 경기 회복 초입 국면에서는 리츠가 주식 대비 높은 수익률을 기록했다.

이런 배경에는 리츠의 기초자산인 부동산이 가지고 있는 고유의 수익 구조가 작용했다. 일반적으로 호텔, 헬스케어, 리테일을 제외한 오피스, 물류창고, 데이터센터, 통신타워(셀타워) 등과 같은 섹터들은 중장기 임대차 계약을 통해 일정 수준 미래의 수익원을 확보한다. 또한 임대차 계약 시 소비자물가지수인 CPI나 고정임대료 상승률 등을 적용해 향후 인플레이션에 대한 헤지를 고려하기에 리츠 투자자 역시 동일한 효과를 누릴 수 있다. 따라서 현재의 시장 내 인플레이션 우려와 절대적으로 낮은 수준의 금리를 감안할 때 리츠 투자에 대한 적극적인 검토가 필요할 것으로 보인다.

다만, 앞서 설명한 바와 같이 글로벌 리츠 시장의 성숙도 측면에서 미국뿐 아니라 일본과 유럽 등 다양한 국가의 리츠도 함께 살펴봐야 한다.

**리츠 산업 대표 ETF : REET, SCHH, 1343(Next Funds REIT ETF),
CLR.SI(LION−PHILLIP S−REIT)**

티커	ETF명	자산 총액	설정일	운용 보수 (연간)	연초 대비 수익률	일 평균 거래량(주)	ETF 주당 가격(달러)
REET	iShares Global REIT ETF	3.40B	2014/7/8	0.14%	21.12%	660,114	29.40
SCHH	Schwab U.S. REIT ETF	6.68B	2011/1/13	0.07%	30.47%	732,938	49.71
1343	NEXT− Funds Reits Index ETF	19.39B	2005/8/5	0.35%	17.45%	390,742	2158
CLR.SI	Lion-Phillip S-REIT ETF	1.01B	2015/2/5	0.41%	14.84%	37,049	1.0680

(단위 _ B: 십억 달러 | 출처 _ 2021년 12월 6일 종가 기준, 각 ETF 운용사 팩트시트)

이번 리츠 ETF 소개는 앞서 일반 주식들의 ETF 소개와 달리 지역별로 대표적인 리츠 ETF로 선별해 간략하게 소개한다. 그 이유는 리츠 특성상 리츠 시장이 잘 조성되어 있지 않은 국가들의 경우 일반 주식들에 비해 거래량이 많지 않고, 설령 선진 국가라 할지라도 동일 국가 내 리츠의 종목 수가 많지 않기에 차별적인 전략별 ETF를 구성함에 있어서는 한계가 있기 때문이다. 따라서 리츠 선진화가 이루어진 국가들 가운데 대표 리츠들로 구성된 ETF로 투자 기회를 모색하는 것이 보다 바람직할 것으로 보인다.

❶ REET는 바로 전 세계 리츠 시장의 대표 종목들을 선별해 투자하는 ETF이다. REET는 리츠 비교지수 중 가장 많이 사용되는 FTSE 글로벌 리츠 지수(FTSE EPRA/Nareit Global REITs Index)를 추종하고

있으며, 선진국뿐 아니라 신흥 시장의 리츠들 또한 투자 대상으로 삼고 있다.

❷ SCHH는 '천조국의 나라' 미국의 리츠만 투자하는 ETF이다. 해당 리츠 ETF의 경우 워낙 다양한 리츠가 많은 미국 시장에서 실물 자산인 부동산을 소유하지 않은 부채형(Mortgage) 리츠, 즉 담보대출을 기반으로 한 금융 리츠를 제외한 리츠만 투자하는 ETF이다. 리츠 한 종목에 대해 최대 10% 제한을 두고 운용하고 있다.

❸ 1343은 전 세계 리츠 시장에서 단일 국가로는 두 번째로 큰 일본 부동산에 투자하는 ETF이다. 이 ETF는 일본에 상장된 리츠 ETF 중 가장 장기간 운용되었고, 규모나 거래 면에서도 가장 우량한 ETF 라고 볼 수 있다. ETF 구성 측면에서 봤을 때 단일 국가의 대표 리츠 들을 편입했기 때문에 차별화된 전략은 없을 수 있으나, 일본 리츠의 특성상 미국이나 몇몇 유럽 국가들의 리츠와는 달리 리츠 기업 내에 서 부동산 개발을 제한하는 순수 위탁관리형 리츠인 점에서 다른 국 가들 대비 실적 및 배당에 대한 안정성을 가졌을 수 있다.

❹ CLR.SIC라이온-필립 S리츠는 싱가포르에 100% 투자하는 리 츠로, 싱가포르 대표 리츠다. 싱가포르 리츠의 경우 다른 국가들에 비해 투자자 지위로서 정부의 리츠 시장 내 참여도가 매우 높은 편이 다. 대표적으로 케펠, 캐피탈랜드, 메이플트리 등의 지분을 싱가포르 재정부인 테마섹 홀딩스가 보유하고 있어 리츠 기업들이 정부 주도 의 사업에 적극적으로 참여하는 형태를 띠고 있다. 또한 싱가포르 리 츠의 경우 여타 선진국 리츠 대비 높은 배당수익률을 보인다는 점도

투자 매력 포인트이고, 싱가포르 리츠가 보유한 부동산이 호주, 중국, 홍콩, 유럽 등 다양한 국가에 분산되어 있다는 점은 투자의 분산 효과 측면에서 매력적인 부분이다.

이렇듯 다양한 리츠 ETF를 통해 일반 투자자들도 국가별 상이한 부동산 경기 및 리츠의 밸류에이션 차이를 고려해 얼마든지 투자를 할 수 있다.

[REET 상위 10개 종목]

프로로지스	6.80%
에퀴닉스	4.36%
퍼블릭 스토리지	2.98%
사이먼프로퍼티	2.93%
디지털 리얼티	2.78%
리얼티인컴	2.20%
웰타워	2.04%
아바론베이	1.95%
알렉산드리아 리얼티	1.86%
에퀴티 레지덴셜	1.85%
TOP10 종목 비중	29.75%

[SCHH 상위 10개 종목]

아메리칸타워	8.07%
프로로지스	7.61%
크라운캐슬	5.35%
에퀴닉스	4.11%
퍼블릭 스토리지	3.44%
사이먼프로퍼티	3.36%
디지털리얼티	3.15%
SBA커뮤니티	2.57%
리얼티인컴	2.50%
웰타워	2.33%
TOP10 종목 비중	42.49%

[1343 상위 10개 종목]	
닛폰빌딩투자법인	6.98%
재팬리얼에스테이트투자법인	5.81%
GLP J-리츠	5.42%
니폰 프로로지스 리츠	5.22%
노무라 리얼에스테이트	4.65%
재팬 메트로폴리탄 펀드	4.36%
다이와 하우스 리츠	4.29%
오릭스 J-리츠	3.17%
어드밴스 레지던스 투자법인	3.12%
유나이티드 어반 투자법인	2.79%
TOP10 종목 비중	45.81%

[CLR.SI 상위 10개 종목]	
캐피타랜드 인테그리티	9.84%
아센다스 리얼에스테이트	9.81%
메이플트리 커머셜 트러스트	9.69%
메이플트리 로지스틱스	9.35%
프레이저스 센터포인트	9.33%
메이플트리 인터스트리얼	9.24%
케펠 DC 리츠	8.89%
파크웨어 라이프 리얼에스테이트	6.07%
프레이저스 로지스틱스	2.94%
메뉴라이프 US리얼에스테이트	2.65%
TOP10 종목 비중	77.81%

[출처: www.ETF.com, 2021년 12월 6일 기준]

코로나19로 달라진 해외주식 시장!
무엇을 보고, 어떤 주식에 투자해야 할까?

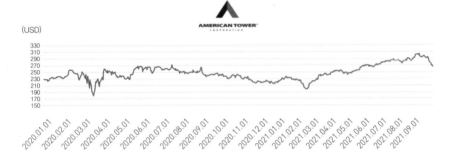

01

글로벌 최대 규모의
통신타워 리츠, 아메리칸 타워

기업명 AMERICAN TOWER CORP | **티커** AMT US

● **상장일** 1998년 2월 26일 ● **시가총액(억 원)** 1,513,395
● **1년 수익률(%)** 19.70 ● **3년 수익률(%)** 25.97 ● **배당수익률(%)** 1.86

코로나19가 가져온 생활의 변화가 많은 기업에도 큰 영향을 끼쳤
다는 것을 앞서 소개한 기업들을 통해서 거듭 확인했을 것이다. 그런
데 이런 변화의 바람이 부동산에 가장 직접적으로 수혜를 준 섹터가
있다. 바로 통신타워(Cell Tower) 리츠이며, 미국 리츠의 대장주인 아
메리칸 타워(American Tower Corporation) 리츠이다.

통신타워 비즈니스에 대한 긍정적인 전망은 5G 도입 당시부터 시
장 내에서 지배적이었다. 그런데 코로나19가 가져온 사회적 거리 두

기로 인한 재택 생활이 데이터 사용량 증폭을 가져왔고, 이는 결국 통신타워 리츠의 성장곡선을 더욱 가파르게 만들었다.

사실 통신타워를 기초 부동산으로 삼는 리츠는 전 세계에서 유독 미국만 발전되어 있다. 이는 각 국가별로 리츠 제도가 가지고 있는 차이에 기인한다고 볼 수 있는데, 결론적으로 지속 가능한 성장모델을 영위할 수 있는 리츠는 미국 시장이 가장 적합하다고 볼 수 있다. 그 이유는, 대부분의 국가 내 리츠들은 개발에 대한 행위를 제한하는 형태의 위탁관리 리츠를 하는 반면, 미국의 경우 자기관리 리츠가 지배적이다 보니 토지 매입, 개발, 임대, 관리, 매각 등 부동산 전반적인 사업을 영위할 수 있고, 이는 기존 전통적인 섹터보다 통신타워와 같이 '패러다임의 전환'이 일어나는 성장형 리츠에 맞춰 성장할 수 있는 구조 및 제도적 유연함을 가지기 때문이다.

무궁무진한 중장기적 성장성

그렇다면 왜 아메리칸 타워 리츠일까? 리츠로는 보기 힘든 3% 이하의 낮은 배당수익률을 감안하고도 아메리칸 타워 리츠를 관심 있게 봐야 하는 이유는 중장기적 성장성이 담보된 사업 부문이기 때문이다. 코로나19뿐 아니라 3G부터 5G까지 경험한 사람이라면 그 누구도 데이터 사용량 증가에 의구심을 갖지 않을 것이다. 쏟아져 나오는 다양한 애플리케이션, 동영상 중심의 콘텐츠 소비, 인공지능 등 IT 산업 내 구조적 변화뿐 아니라 통신망 지역 확대에 따른 자연성장

(Organic growth) 등 아메리칸 타워가 영위하는 통신타워 사업 부문의 성장성은 무궁무진하다. 그리고 이런 산업의 성장은 아메리칸 타워가 운영하는 통신타워의 확대뿐 아니라 동일 통신타워당 임차인 증가로 이어지기 때문에 동반 성장을 가능케 한다.

비교적 낮은 리스크

아메리칸 타워를 눈여겨 봐야 할 또 다른 포인트는 여타 성장 주식 대비 리스크가 낮다는 점이다. 성장 주식을 포함해 일반 기업이 가지는 실적에 대한 변동성은 부동산 임대수익을 주요 매출로 삼는 리츠보다 상대적으로 높을 수밖에 없다. 예를 들어, 통신장비 관련 회사라면 새로운 광역대에 맞는 기술력을 확보하기 위해 R&D 투자도 지속적으로 해야 하고 매출처 확보를 위한 마케팅, 생산을 위한 시설장비 투자, 원가 관리 등 매출 및 비용에 대한 다양한 변동성 요인들이 존재한다. 하지만 아메리칸 타워의 경우 부지를 확보한 이후 초기 통신타워 건설 및 설치비용 외에는 크게 들어가는 비용이 없다. 이 또한 해당 부지 통신타워의 임차인을 확보하고 진행하는 경우가 대부분이라 매몰 비용(Sunk Cost)에 대한 리스크도 현저히 낮다.

물론 주가의 적정 가치 측면에서 우려될 수 있는 부분은 존재하지만, 코로나19라는 불확실한 상황에서 성장성과 안정성을 모두 잡을 수 있는 만큼 아메리칸 타워를 주목할 필요가 있다.

02

영국 물류창고 전문 리츠,
트리탁스 빅박스

기업명 TRITAX BIG BOX REIT PLC | **티커** BBOX LN

● **상장일** 2013년 12월 9일 ● **시가총액(억 원)** 66,947
● **1년 수익률(%)** 35.75 ● **3년 수익률(%)** 19.40 ● **배당수익률(%)** 2.95

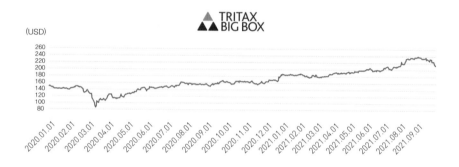

최근 국내 언론사에서 자주 접하는 사회적 이슈 키워드로 '물류 대
란'이 있다. 물류 대란은 코로나19도 기여했지만 사실 글로벌 전자
상거래의 공룡인 아마존이 시발점이었다. 2018년에 직접 배송(Last-
mile delivery) 영역으로의 진출을 선언하면서 2019년 '24시간 배송
(One-Day Shipping)'과 함께 '당일 배송(Same-Day Delivery)' 서비스
를 시작한 것이 기폭제로 작용했다. 이와 함께 성장한 대표적인 기업
이 물류 리츠 가운데 영국의 트리탁스 빅박스(Tritax Big Box)이다.

물류 대란은 비단 미국이나 한국에서만 벌어지는 현상이 아니다. 중국의 1위 전자상거래 기업인 알리바바가 운영하는 신선식품 전문 슈퍼마켓 허마셴셩은 30분 내 배송 서비스를 제공하고, 알리바바도 '중국 내 24시간, 글로벌 72시간 이내 배송' 서비스를 제공하면서 물류창고에 대한 수요를 증폭시켰다. 일본은 이런 물류업계의 성장통을 앓은 지 오래되었다. 온라인 판매가 급증했던 2017년부터 물류 및 운수업의 인력 부족 현상이 심각해지면서 운임료 및 인건비 상승으로 이어졌다. 심지어 코로나19로 인한 사회적 거리 두기와 기업들의 재택근무제 도입에 따른 배송 폭증이 물류업 전반의 성장통을 촉발시켰다.

이렇듯 물류업의 급격한 성장에는 매출 확대와 비용 증가가 뒤섞이면서 물류기업들의 실적 불확실성도 상존하게 되었다. 하지만 물류창고 임대료가 주요 매출처인 물류 리츠는 장기계약을 기반으로 안정적으로 매출을 성장시킬 수 있다. 일반적으로 임차인이 임차 기간 동안 발생하는 각종 비용 대부분을 부담하는 형태로 계약을 체결하기 때문에 임대인인 물류 리츠 실적에는 큰 영향을 끼치지 않아서다. 이런 측면에서 영국의 물류 전문 리츠인 트리탁스 빅박스에 관심을 가질 필요가 있다.

안정적인 매출 성장

트리탁스 빅박스도 영국의 물류창고도 낯선 투자자들이 많을 것이다. 하지만 물류창고에 대한 수요는 앞서 이야기한 바와 같이 산업 구조에 대한 변화의 흐름이다. 그렇기에 트리탁스 빅박스는 경기보다 구조적 성장세에 맞물려 2020년 말 보유자산 기준 6조 원에 달하는 59개의 물류창고를 보유한 영국의 대표적 물류 리츠이다.

트리탁스 빅박스의 투자 포인트 중 가장 눈여겨봐야 할 점은 보유자산의 임대차 계약 현황이다. 현재 보유하고 있는 자산들의 평균 임대 만기는 약 13년 이상 남았고, 임대료 인상 계약 형태도 매년 물가 상승 시에만 적용하는 '상승 전용 임대료 심의(Upward-only rent review)' 방식이다. 다시 말해, 물가 하락 시에는 임대료가 하락하지 않고, 물가 상승 시에만 임대료를 상향 조정하는 형태로 임대차 계약을 체결했기 때문에 안정적인 매출 성장이 가능한 모델이다.

우량 파트너사들

추가적으로 주목해야 할 부분은 트리탁스 빅박스의 주요 임차인들의 수준이다. 앞서 설명한 바와 같이 트리탁스 빅박스는 아마존의 유럽 거점지라고 볼 수 있는 영국 지역의 주요 파트너사이다. 공식적으로 파트너십을 체결한 것은 아니지만, 동사가 보유한 영국 내 물류부지 및 개발 노하우를 바탕으로 아마존을 주요 임차인으로 유치하면서 아마존의 영국 진출과 함께 빠른 속도로 성장했다. 현재는 다양한 우량 임차인을 유치해 리스크를 분산시킴으로써 물류창고 운영에 대한 리스크도 낮추었다.

이렇듯 전자상거래의 높은 성장세와 당분간 지속될 코로나19에 대한 불확실성을 감안할 때 영국 물류창고 리츠인 트리탁스 빅박스에 관심을 갖기 좋은 시기라 할 수 있다.

03

아시아 유일의 데이터센터 리츠, 케펠DC리츠

기업명 KEPPEL DC REIT | **티커** KDCREIT SP

●**상장일** 2014년 12월 12일 ●**시가총액(억 원)** 35,626
●**1년 수익률(%)** −20.67 ●**3년 수익률(%)** 26.17 ●**배당수익률(%)** 4.11

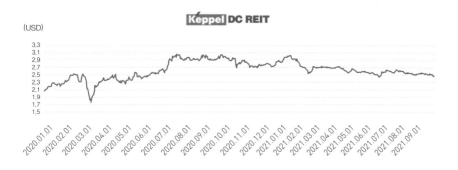

최근 IT 업체들의 데이터센터에 대한 관심이 갈수록 높아지고 있다. 그 배경은 통신타워 분야와 마찬가지로, 데이터 사용량 증가처럼 산업 내 구조적 변화에 따른 수요 증대로 볼 수 있다. 조금 다른 부분은 빅데이터 및 개인정보보호가 갈수록 중요해지면서 데이터센터의 필요성도 날로 높아지고 있다는 점이다. 이로 인해 데이터센터의 성장세는 상업용 부동산 시장에까지 영향을 주고 있다.

하지만 이는 아직까지 국내 부동산 시장에서는 생소한 개념이다.

IT 공룡들이 즐비한 미국을 중심으로 데이터센터는 이미 상업용 부동산 시장에서도 하나의 성장주 개념의 섹터로 자리매김하고, 아시아에서도 'IT 허브'로 급부상 중인 싱가포르가 2018년도에 페이스북 아시아 지역 데이터센터 건설을 유치하면서 아시아 지역에서는 가장 빠르게 성장하고 있다. 이런 시장의 성장 측면에서 미국의 데이터센터가 아닌 싱가포르의 데이터센터 리츠를 주목해볼 필요가 있다.

그 가운데 보유 데이터센터 중 50% 가까이를 싱가포르에 둔 아시아 유일의 상장 데이터센터 리츠인 케펠DC리츠(Keppel DC REIT)를 살펴보자.

성장 중인 데이터센터 기업

우선 케펠DC리츠는 아쉽게도 글로벌 No.1의 데이터센터 리츠는 아니다. 이 사실 때문에 글로벌 No.1 기업들을 좋아하는 투자자 입장에서는 싱가포르의 케펠DC리츠가 덜 매력적으로 다가올 것이다. 하지만 일반적으로 리츠를 투자하는 투자자의 전략과 싱가포르 리츠 시장의 특수성을 고려한다면 해당 리츠는 분명 눈여겨볼 필요가 있는 기업이다.

그나마 국내 시장에서 소개가 많이 되었던 미국의 에퀴닉스(Equinix) 리츠는 현재 시가총액 기준 글로벌 No.1 기업이다. 하지만 안정적으로 높은 배당수익률을 좇는 리츠 투자자 관점에서 에퀴닉스는 탈락이다. 이유는, 일반 기업들의 배당수익률 수준인 1%대의 낮은 수익률을 제시하고 있기 때문이다. 사실 이는 S&P500의 평균 배당 수익률인 2%대에도 못 미치는 수준이다.

반면, 케펠DC리츠는 3% 초중반대의 양호한 수준의 배당수익률을 보이고 있다. 물론 이 수준도 다른 리츠에 비하면 턱없이 낮은 수준 이지만, 성장 섹터로 분류되는 데이터센터 기업들의 성장성을 감안 한다면 3%대의 배당수익률은 준수하다고 볼 수 있다.

안정적인 싱가포르 리츠 시장

싱가포르 시장에서의 리츠에 대한 엄격한 가이드도 미국 리츠 대비 기업의 안정성을 돋보이게 하는 부분이다. 싱가포르 리츠의 경우 허 용되는 LTV(리츠가 보유한 자산 가치 대비 부채 총합 수준)는 최대 45% 로 제한되어 있다. 이는 과거 금융위기를 통한 학습효과의 결과로, 상 장된 부동산 기업인 리츠의 버블효과를 원천 봉쇄하고자 하는 정책의 일환이다. 하지만 미국을 포함한 북미, 일본 등과 같은 리츠 선진국은 이런 LTV에 대한 제한 가이드를 두지 않는다. 이로 인해, 금리 인상 등과 같은 시장 내 불안 요인들이 작용할 때도 싱가포르 리츠는 매우 안정적인 모습을 보여왔다. 실제로 2020년 코로나19 팬데믹 상황에 서도 글로벌 리츠의 경우 -8%를 기록한 반면 싱가포르 리츠는 +2% 를 기록하며 전 세계 리츠 국가들 가운데 유일하게 '+' 수익률을 기 록했다. 이로써 싱가포르 리츠 시장의 안정성이 드러났다.

다시 정리하자면, 데이터센터의 성장성에 대해서는 그 누구도 의

심하지 않는다. 하지만 리츠 내에서 성장 섹터의 경우 미래 가치를 선반영한 과도한 가치평가에 따른 낮은 시가 배당률과 가파른 시장 성장에 발맞춘 높은 부채 비율이 리츠에 투자함에 있어 불안 요인으로 작용할 수 있다. 그렇기 때문에 다소 보수적인 투자자 관점에서 바라볼 필요가 있으며, 이런 부분에 부합하는 싱가포르 케펠DC리츠는 불안정한 경제 상황에서도 안정적 성장과 양호한 배당수익이라는 두 마리 토끼를 쫓기에 적합한 리츠로 생각된다.

Global Equity

4장

해외주식 투자 실전 사례

"나는 이렇게 투자한다!"

해외주식 투자의
원칙 3가지

———

"어떻게 해야 해외주식에서 수익을 낼 수 있을까요?"

"어떻게 종목을 고르시나요?"

"어떻게 하면 해외주식에 현명하게 투자할 수 있을까요?"

필자가 항상 받는 질문이자 이 책을 읽고 계신 독자들도 가장 궁금해할 내용일 것이다. 결론부터 말씀드리면, 죄송하지만 '투자에는 정답이 없다'.

주식이라는 것은 오르거나 내리거나의 싸움이고, 정해진 것이 없어 어려운 것이다. 정해진 공식과 정답이 명확하게 있는 영역이 아니기에 우리는 투자라는 세계에서 많은 공부와 노력을 해야 한다.

필자가 해외주식에 투자해오면서 느꼈던 해외투자의 원칙 몇 가지만 말씀드리려 한다.

우리는 주식에 투자하지만,
사실은 그 '기업'에 투자하는 것이다

아마존에 투자한다고 하면 그저 해외주식, 미국 주식 중 아마존이라는 주식을 샀다는 정도로만 인식하고 그때부터 수익률만 보면서 "한 달 동안 겨우 1% 올랐어. 재미가 없네, 언제 오르지?"에만 집착하게 된다. 그러나 우리는 아마존이라는 주식을 넘어 그 기업에 투자한 것이다. 아마존이 어떤 비즈니스를 하고 있는지, 그 비즈니스가 어떤 영속성을 지니고 있는지, 3개월마다 실적 성장 추이는 잘 나오는지 등을 살펴보며 그 기업과 동행한다는 생각으로 주식을 보유해야 한다. 그래야 주가가 갑자기 단기 악재로 10% 하락해도 아마존의 비즈니스를 명확히 이해하고 "이 기업의 해자(moat)가 훼손이 없으니 오히려 추가 매수를 해야겠군!"이라는 판단을 스스로 내리고, 장기적으로 건강한 투자를 지속할 수 있다.

내가 투자하려는 기업의 뉴스를 매일 찾아보자

필자는 고객들에게 사드린 해외주식이나 관심 있는 종목에 대한 뉴스를 매일 찾아서 시황으로 만들어 카카오톡으로 보내드리고 있다. 벌써 몇 년째 하고 있으니, 해당 기업에 대한 동향은 눈감아도 다알 정도다. 핸드폰만 있으면 언제든지 어느 곳에서나 내가 원하는 정보를 찾을 수 있는 시대다. 귀찮다고 생각하지 말고 지속적으로 검색을 해 정보를 쌓아가자.

예를 들어 내가 테슬라 주식에 관심이 있다면 매일 네이버에서 '테슬라'를 검색해 뉴스로 회사의 최신 동향을 파악하고, 구글이나 야후 파이낸스, 시킹알파 등 미국 현지 사이트에서 테슬라 관련 영문 뉴스를 열심히 찾아보자. 그리고 최근 한국 증권사에서도 시가총액 상위 대표 해외주식에 대한 다양한 한글 레포트를 많이 양산해주고 있다. 그렇기에 "해외주식은 정보가 없어서 투자 못 해요"라는 소리를 하는 분은, 죄송하지만 많이 게으르신 분이다.

필자는 매일 관심 있는 종목에 대한 뉴스나 이슈를 찾거나 레포트를 보는 것을 습관화하다 보니 옆구리만 쿡 찔러도 그 종목에 대한 최근 동향을 줄줄이 말할 수 있는 정도까지 정보를 축적해나가고 있다. 그렇게 매일 쌓이는 해당 기업에 대한 지식과 동향 파악이 나중에는 투자에 대한 확신을 넘어 투자의 감(感)을 쌓는 데 큰 도움을 주어 투자 시 의사결정을 내릴 때 큰 기여를 한다. 낙숫물이 바위를 뚫는다고 했다. 365일 꾸준히 쌓은 데이터는 그 기업에 단기 악재가 발생했을 때 이 주식을 홀딩할 것인지 손절할 것인지, 또는 추가 매수를 하고 기다릴 것인지의 판단에 큰 도움을 줄 것이다.

주식 타이밍은 아무도 모른다. 그 기업의 해자(Moat)와 실적이 굳건한지를 체크하며 투자하자

기술적 분석을 통해 차트를 분석하고 매매 타이밍을 맞추는 것은 늘 어려운 일이다. 차라리 그 기업에 대해서 완벽하게 분석하고, 해당 기업의 비즈니스가 독점력이 있고 경쟁 기업들이 쉽게 넘볼 수 없는 해자를 지니고 있는지를 공부해야 한다. 그리고 그 해자를 바탕으로 3개월마다 발표되는 실적에서 매출액 성장률, 영업이익률, 순이익률 등이 잘 성장하고 있는지를 살피면서 투자하고, 해당 기업이 갑자기 외부 악재로 하락했을 때 주식을 매수해서 비중을 확대하는 방법을 사용하자.

내가 만약 마이크로소프트라는 기업에 관심이 있었는데 해당 기업 내의 악재가 아닌 경제 전반 이슈로 인한 외부 악재로 주가가 하락했다고 가정하자. 이때 365일 마이크로소프트의 기업 뉴스를 보고 3개월마다 실적 발표를 살피면서 쌓아온 지식이 빛을 발한다. 그동안 쌓은 내 데이터에서는 마이크로소프트의 내부적 문제가 없는데 주가가 일시적으로 하락한 것이라고 판단되면 매수를 하는 것이다. 그것이 개인들이 투자하는 가장 합리적이고 현명한 방법이라고 필자는 생각한다.

지금부터 다양한 투자 사례를 말씀드릴 텐데, 이를 통해 어떻게 의사결정을 하고, 남들은 어떻게 해외주식에 투자해서 성공 또는 실패를 했는지를 함께 살펴보자.

전기차 선두기업에 투자해
경제적 자유를 이루고자 한다

요즘 웬만한 해외주식 커뮤니티나 SNS에서 가장 많이 보이는 말이 "테슬라에 투자해서 경제적으로 자유로워지고 싶다"이다. 최근 급등세를 연출 중인 비트코인과 함께 테슬라, 미국의 나스닥 지수는 2020년, 2021년을 가장 뜨겁게 빛낸 투자 대상군이었다. 그중에서도 테슬라는 필자의 고객 분들도 워낙 많이 투자를 해서 사례 역시 다양하다.

2020년 6월 1일경 필자는 테슬라가 2개 분기 연속 흑자 전환이 되고, 3개 분기 흑자도 가능할 수 있는 상황과 함께 분기별 생산량 및 인도 대수가 늘어나는 것을 목격했다. 자동차 관련 업종에 종사 중인 A고객에게 이러한 부분을 설명했고, A고객은 마침 6월경에 테슬라의 일론 머스크가 미국의 유명 TV 쇼 진행자 제이레노와 함께 사이버트럭(CyberTruck)을 직접 시운전하는 영상을 유튜브를 통해 보면서 큰 관심을 가지게 됐다고 했다. 그래서 2020년 6월 1일경 1주당 약 179달러 대에서 매수를 시작했다. 특히 테슬라 모델3의 중국 예약자 수가 당시에 4만 명을 넘어서고, 코로나19로 인해 일시적으로 가동을 중단했던 캘리포니아의 프리몬트 공장을 일론 머스크가 강제 재개하면서 3분기 흑자 전환에 대한 기대가 커져 본격적으로 주가가 상승하기 시작했다.

얼마 지나지 않아 테슬라는 3분기까지 흑자 전환에 성공하면서 주가는 더욱 크게 올랐고, 3개 분기 연속 흑자이기에 S&P500 지수 편입도 가능하다는 기대감이 생기고 있었다. 심지어 중간에 5 대 1 주식 분할까지 진행되면서 테슬라 주가엔 말 그대로 불이 붙었다. 그러다 테슬라 및 글로벌 투자자들의 이목을 집중시킨 테슬라 배터리데이(Battery Day)가 2020년 9월 22일 개최되었다. 시장에선 "고체 배터리가 나오는 것이 아니냐? 시장에 없던 새로운 기술을 발표할 것이다" 등 여러 설이 난무했다.

배터리데이 당일이 되어 뚜껑을 열자 필자가 보기엔 굉장히 진일보된 기술들과 특허 및 플랜이 공개되었다. 그러나 시장은 기대치가 너무 높았던 탓인지 2020년 9월 22일, 23일 이틀간 주가가 무려 -15.93% 하락하는 쓴맛을 보았다. 이때 필자는 기회라고 생각해 고객 분과 함께 **주당 381달러에 추가 매수를 진행했다. 2020년 6월 1일에 179달러에 매수하고 +100% 이상 수익인데도 불구하고 필자는 더 갈 수 있다고 보았고, 장기적으로 이렇게 하락할 때마다 매수하는 것이 맞다고 생각했다.** 그리고 그 이후에는 상당 기간을 횡보하다가 마침내 같은 해 11월 17일 갑작스레 S&P다우존스 지수위원회에서 S&P500

지수 편입을 발표하면서 3차 랠리가 시작되었다. 2021년 10월 25일 렌터카 회사 허츠가 테슬라와 10만 대 구매계약을 했다는 뉴스가 들려오자 마침내 천슬라, 주당 1,000달러를 돌파하며 엄청난 수익을 기록 중이다.

앞으로 테슬라는 상하이 기가팩토리, 베를린 기가팩토리, 텍사스 테라 팩토리 증설로 인한 향후 생산량 증대, 자율주행 FSD 및 구독형 모델 수익 급증, 자체 보험 판매 시작, 로보택시와 스페이스X의 스타링크 프로젝트 등 미래를 바꿀 경쟁력이 무궁무진하다.

A고객은 앞으로 테슬라가 바뀌갈 미래에 대해 공감하며 향후 주가 하락 시마다 매수를 하며 테슬라 주식을 몇 년간 모아갈 계획이다.

1등 기업에만
투자한다

B고객은 대표적인 자산가면서 1980년에 우리나라 증시 호황 때부터 약 30년 이상 투자를 해온 상당한 투자 내공자다. IMF, 카드사 위기, 유럽발 재정 위기, 2008년 리먼사태 등 우리나라에서 굵직한 경제적 이벤트가 발생할 때마다 삼성전자, 현대차, 현대중공업에만 투자를 해서 수십억을 벌었다. 그러나 항상 대화를 나누면 "난 주식 잘 모르오. 그냥 좋은 주식, 1등 주식 사서 계속 들고 가면 망하지 않으면 돈 벌겠지"라는 아주 단순하지만 확실한 마인드로 투자를 장기간 해왔다고 했다.

그러던 어느 날, 자녀가 미국의 구글에 입사지원서를 냈는데 보기 좋게 탈락을 했다면서 "도대체 그 놈들이 얼마나 대단한 놈들이기에 내 아들을 탈락시켰는지 궁금하다"고 열변을 토했다. 그래서 **필자는 아마존, 애플, 알파벳(구글), 메타플랫폼스(구 페이스북), 마이크로소프트 등 소위 FAAMG의 위치와 비즈니스 구조에 대해 상세히 얘기를 해주었다. 특히 이 기업들은 제조업 기반이 아닌 눈에 보이지 않는 소프트웨어**

및 플랫폼 비즈니스로 미래를 바꿔가고 있고, 이미 우리 생활 깊숙이 스며들어 마치 생활필수품처럼 쓰이고 있다고 설명했다. 그리고 이런 말도 했다.

"당장 불황이 오거나 실직을 하게 되어도 우리는 눈 뜨자마자 구글 안드로이드 또는 애플 iOS의 운영체제가 담긴 스마트폰을 열어서 그 안에서 모든 앱을 통해 생활하게 될 것이다. 불황이건 호황이건 우리는 습관처럼 이들과 함께한다. **우리나라 기존 대기업들은 대다수가 전방 업체의 수주를 받아야만 이익이 나는 '업황'을 타지만, 플랫폼 기업들은 업황이 없다. 그들은 점점 비즈니스 독점을 굳혀가고, 다른 경쟁 업체까지 M&A하거나 본인들이 진출하면서 그 덩치를 키워간다.** 투자자 입장에서는 이런 기업들이 강력한 해자(Moat)를 지니고 있으니 투자하기엔 선택지가 쉽다고 생각한다."

필자의 말에 B고객은 바로 공감하면서 2020년 4월 13일경 코로나19로 인해서 증시가 상당히 저점 부근일 때 투자를 시작했다. 전자상거래 대표 기업이자 클라우드 1위인 아마존닷컴, 전 세계 인터넷 모바일 플랫폼의 대장기업 알파벳(구글), 글로벌 PC 소프트웨어 및 클라우드 대장주 마이크로소프트, 하드웨어 핸드셋 최고의 제조 기업이자 소프트웨어 기업인 애플 등 4개 기업에 투자를 했다. 이 분은 **한 번에 총 투자금을 다 매수하는 것이 아니라 약 세 번에 나누어 주가 하락 시마다 매수하고(Buy-the-dip. 하락 시 매수) 매수 후 보유(Buy and hold)하는 전략을 펼쳐나갔다.** 약 1년 6개월이 지난 지금 67% 전후의 수익을 거두고 있다.

빅테크(Big Tech) 기업들의 매출과 실적이 둔화되거나 성장세가 꺾이지 않는 한 앞으로도 장기적으로 투자금을 늘려갈 계획이라고 한다.

중국의 테슬라,
니오와 샤오펑에 투자한다

C고객은 필자와 테슬라 투자를 진행하면서 전기차에 대한 관심이 커졌다. 테슬라 외에도 한국의 배터리 밸류체인 대표 기업 중 LG화학, 삼성SDI, SK이노베이션에도 관심이 많아지고, 미국의 리튬 제조 업체인 앨버말(ALB)이나 중국의 BYD 등도 주의 깊게 지켜보고 있었다. 그러던 중 필자가 미국 증시에 상장된 중국 전기차 스타트업 니오(NIO)와 샤오펑(XPEV)을 소개했다. 물론 이 기업들은 중국 기업이라는 리스크가 있고, 아직은 테슬라처럼 판매량이 압도적이지 않다는 등 불안 요소도 공유했다.

그러나 니오의 경우 테슬라의 열풍과 함께 미국 내에서도 여러 헤지펀드들이 비중을 확대하기 시작했으며, 유동성의 힘이 받쳐주면서 생각한 펀더멘틸(성장률, 물가 상승률, 실업률, 경상수지 등 한 나라의 경제 상태를 나타내는 데 가장 기초적인 자료가 되는 주요한 거시경제 지표)을 훨씬 웃도는 주가 상승이 시작되는 것을 목격했다.

필자는 **리스크는 있지만 최근 9월부터 중국 내 월별 친환경차 판매량**

상위에 등극하기 시작한, 이른바 중국 4대 장 전기차 업체(BYD, 니오, 샤오펑, 리오토) 중 일부를 포트폴리오에 담을 필요가 있겠다는 확신이 들었다. 그래서 C고객과 함께 7월 17일 니오가 큰 조정을 받은 날 종가 부근인 11.20달러에 매수를 진행했다. 그리고 얼마 지나지 않아 테슬라의 랠리와 함께 중국 전기차 니오의 주가도 폭등하기 시작했다. 그리고 1년 4개월이 지난 2021년 11월 현재 주당 40달러를 넘기며 약 4배 이상의 큰 수익이 나고 있다.

문제는 고객과 필자 모두 통이 작아 소액만 매수했다는 점이다. 필자는 그 이후로도 테슬라와 중국의 전기차 4대 장을 리서치하고 연구하다가 비슷한 업체인 샤오펑이 8월 미국 증시에 상장되는 것을 보고 꾸준히 지켜만 보았다. 그러다가 11월 4일에 경쟁 업체인 니오의 주가 랠리가 나오는데 샤오펑이 상장 첫날의 주가를 드디어 벗어나려는 움직임을 포착하고 과감히 이 날 시초인 24.35달러대에 매수를 진행했다.

결과는 예상대로였다. 다음 날 바로 장중 +33.04%까지 급등했고, 그 뒤 약 3일간 조정을 받으며 약간의 걱정(?)을 하게 하다가 11월 24일 사상 최고가인 74.49달러까지 상승했다. 이때의 수익률은 +205.91%에 달했다. 이후 단기에 상승폭이 너무 크다고 판단해 니오와 샤오펑 모두 11월 26일경에 매도하면서 이익을 실현했다.

그 이후 **조정이 나올 때마다 지속적으로 분할 매수 중이며, 중국에서 매월 발표하는 판매량 데이터를 살펴보면서 비중을 확대하고 있다.** 개별 종목이 부담스러운 구간에서는 홍콩에 상장된 중국 전기차 기업

ETF인 Global X China Electric Vehicle ETF(02845 HKD/09845 USD)에 투자하는 것도 함께 고려하고 있다.

배당 투자로
경제적 자유를 꿈꾼다

요즘 유튜브에는 웬만한 증권사 애널리스트나 증권업 종사자보다 더 많이 공부하고, 그 지식을 기반으로 한 영상을 공유한 채널들이 많다. 특히나 젊은 세대들은 예전 1960~1970년대처럼 부동산으로 '개천에서 용이 날' 가능성이 점점 줄어들자 비트코인, 국내외 주식 등에 적극적으로 투자하는 경향이 강하다. 변동성이 큰 공격적인 주식에 투자하는 투자자도 있지만, 정석을 따라 미국의 배당주 투자를 통해 차곡차곡 쌓아가면서 경제적 자유를 꿈꾸는 투자자들이 많은 것도 사실이다. 대기업 월급쟁이인 D고객도 유튜브에서 우연히 미국 주식으로 배당주를 모아가는 영상을 보고 필자를 찾아왔다고 했다.

경제적 자유를 획득해 일찍 은퇴하는 파이어(F.I.R.E; Financial Independence Retire Early) 열풍은 미국을 중심으로 우리나라를 포함해 전 세계적으로 큰 인기를 끌고 있다. 특히 미국 주식은 기본적인 배당 주기가 한 분기(3개월)이고, 달러로 배당을 지급하며, 심지어 매달 배당을 지급하는 기업들도 있기 때문에 얼마든지 매달 배당을 받는 포트폴리오를 구성할 수 있다. 또 최소 반기마다 배당을 지급하는 우리나라 주식에 비해 배당을 받는 재미가 쏠쏠해서 성격이 급한(?) 투자자들에게는 미국 배당주 투자가 더 적합할 수 있다.

특히 **미국에는 배당금을 증가해온 햇수에 따라 배당왕, 배당귀족, 배당챔피언 등의 별칭을 붙이는데, 그만큼 꾸준하게 배당을 증가하고 주주 가치를 위해 노력하는 기업들이 여럿임을 알 수 있다. 특히 1·4·7·10월과 2·5·8·11월, 3·6·8·12월에 배당을 주는 기업들을 한 종목씩 매수해서 세 종목을 보유한다면 매달 배당을 받는 것과 같은 포트폴리오를 구축할 수 있다.** 그 외에도 미국의 상장지수펀드(ETF)와 상장 리츠(Reits)를 가지고도 가능하다.

그리하여 D고객도 프로로지스, 디지털리얼티트러스트와 같은 미국 리츠와 함께 PGX(Invesco Preferred ETF), LQD(iShares iBOXX $ Investment Grade Corporate Bond ETF), QYLD(Global X Nasdaq Covered Call ETF)와 같은 월 지급식 배당 ETF와 AT&T, 코카콜라, 스타벅스, 록히드마틴, 존슨앤존슨, 마이크로소프트, 애플 등으로 주수를 지속적으로 늘려가고 있다.

보통 종목별로 시가 배당률이 다르지만 7억 원 전후로 주식을 쌓아가면 매월 150만~200만 원 이상을 달러로 배당받는 포트폴리오를 만들 수 있게 된다. 그리하여 지금 받는 월급보다 배당금이 넘어서는 경우는 은퇴를 꿈꿀 수도 있는 것이 바로 F.I.R.E다. 물론 보유한 종목의 주가가 하락해 평가금액이 내려가는 리스크도 있지만, 짧게 보고 투자하는 것이 아니라 해당 기업의 주주가 되어 매출과 배당의 성장을 함께 하겠다는 의도가 있으면 가능한 투자 전략이다.

　D고객과 앞으로 배당주를 꾸준히 늘려가면서 함께 경제적 자유를 이뤄갈 생각이다.

코로나19를 기점으로
비대면 수혜주에 투자한다

E고객은 전자상거래 관련 스타트업 종사자로 회사 비즈니스 발전 및 향후 사업 전략을 위해 미국의 다양한 스타트업 및 새롭게 떠오르는 스타 기업들을 리서치하는 업무를 맡고 있다고 했다. 코로나19 사태 이후로 줌비디오(Zoom)나 마이크로소프트 팀즈(Teams)와 같은 비대면 화상회의를 일상처럼 하고 있다고 한다. 그래서인지 **코로나19로 인해 미국 증시에 상장된 비대면 관련 기업들**에 대해 설명하자 "아, 그거 제가 아는 기업이에요! 저도 써봤는데 좋던데요"라는 적극적인 반응을 보였다. 투자를 할 때 그 기업의 상품이나 서비스를 본인이 직접 체험했거나 소비해본 경험이 있다면 그것이 가장 정확한 판단의 기초가 될 수 있다.

그리하여 미국의 구독형 홈트레이닝 머신 제조업체인 펠로톤(PTON), 캐나다의 대표 전자상거래 업체이자 소상공인에게 쇼핑몰 구축 플랫폼을 제공하는 쇼피파이(SHOP), 아마존도 진출했다가 철수한 사업인 수공예품과 수제 마스크 분야 전자상거래의 대장 기업

엣시(ETSY), 미국의 전자서명 1위 업체인 도큐사인(DOCU), 그리고 미국의 반려용품 전자상거래 사이트인 츄이닷컴(CHWY)을 소개해 드렸다. 그리고 2020년 5월 27일부터 펠로톤은 주당 40.5달러, 쇼 피파이는 주당 692달러, 엣시는 주당 72.35달러, 도큐사인은 주당 121.67달러, 츄이는 주당 38.55달러에 투자를 진행했다.

이 주식들은 투자한 이후에 꾸준히 상승을 하다가 11월 9일에 화이자 백신이 코로나19에 효능이 있다고 발표되면서 일시적으로 항공, 호텔, 요식업 등의 대면 관련 기업들이 상승을 하고, 비대면 관련 기업들이 일시적으로 큰 폭의 조정을 받으면서 어려운 시기도 있었다. 그러나 투자를 시작하고 약 1년 6개월이 지난 2021년 11월 기준으로 펠로톤은 주당 90달러, 쇼피파이는 1,500달러, 엣시는 240달러, 도큐사인은 285달러, 츄이는 73달러를 기록하며 4종목 모두 2배이상의 수익이 나고 있다.

E고객과 필자는 한때 코로나19 백신과 치료제가 나오면 코로나19의 수혜를 받던 비대면 관련 종목들의 성장이 지속될 수 있느냐에 대해 고민했었다. 그러나 사람들은 기본적으로 편리함을 추구하고 거기에 맞춰 스마트폰이 우리 생활에 깊숙이 침투해 있는 점, 경로의존성(한 번 정한 경로를 잘 바꾸려 하지 않는 인간의 기본적인 습성)으로 인해 이미 위 6개 기업들의 비즈니스를 열심히 사용 중인 고객들이 코로나19가 종식되어도 그 습관을 바로 바꿀 수 없을 것이라는 결론을 내렸다. 그리하여 E고객과 함께 위 기업들의 비즈니스가 꾸준히 성장하는지, 분기(3개월)마다 발표하는 실적에서 둔화세는 없는지 체크하며 투자를 지속할 예정이다.

현물 부동산이 아닌
리츠로 큰 수익을 얻는다

　F고객은 2018년부터 미국의 상장 리츠에 투자를 해왔다. 대기업에 다니다가 정년퇴임을 한 뒤여서 노후 자금을 안정적으로 운용하고 싶어 한 분이었다. 물론 은행 예금이 가장 안전할 수 있겠지만, 노후 자금의 목표수익률을 맞추기 위해서는 위험자산에 어느 정도는 투자해야 한다는 생각이 강했다. 개별 종목에 투자하는 것이 두려웠던 터라 처음엔 국내 주식 중 고배당주에 투자할 생각을 했다고 한다.

　그러나 필자는 한국의 고배당주가 아닌 미국의 부동산 기반의 상장 리츠에 투자할 것을 제안했다. **미국의 상장 리츠는 일단 대표적인 안전자산인 미국달러(USD)로 투자를 하고, 한국과는 규모가 다른 수많은 부동산을 유동화하고 분산투자하며, 기본적으로 3개월마다 달러로 배당을 지급하거나 심지어 매달 배당을 주는 회사도 있다**는 점을 알려드렸다. 호주, 일본, 캐나다, 싱가포르 등도 상장 리츠가 발달되어 있지만, 특히 미국 리츠는 규모만 유지하면서 매출과 배당이 정체된 형태가 아니라 임대부동산 자산을 늘리고 임대소득도 꾸준히 성장시키면서 배당도 성장하는 성장형 리츠가 많아 배당소득 외에도 주가 상승으로 인한 자본이득(Capital Gain)도 기대해볼 수 있음을 알려드렸다. F고객은 필자의 제안을 고민한 끝에 2018년부터 미국의 대표 데이터센터 리츠인 에퀴닉스(EQIX), 글로벌 물류센터 및 산업용 리츠 대장주인 프로로지스(PLD), 미국의 통신타워 인프라 리츠인 아메리칸 타워(AMT) 등에 투자를 하기 시작했다.

그러다 2020년 2월 코로나19 사태가 터지면서 상황이 급변했다. 대면 관련 주로 분류되는 부동산 기반 리츠들 대다수가 임차 고객들의 월세를 통해 수익을 얻는 구조였기에 코로나19로 인해 주가가 직격탄을 맞은 것이다. 그래서 2월에 매도해 빠르게 현금화를 진행했다.

대표 통신타워 인프라 리츠였던 아메리칸 타워는 심지어 2월 14일 단기 고점인 258달러에서 3월 23일 최저점인 174.32달러까지 하락하면서 5주도 안 되는 기간 동안 무려 -32.43%나 하락하는 사태를 겪었다. 물론 이때 우리나라의 삼성전자를 비롯해 전 세계 주식이 하락하지 않은 종목이 없었다.

그러다 3월 25일쯤 지켜만 보던 F고객이 단기 하락이 과도하고 리츠들 중에서도 리테일 리츠와 같이 사람들이 대면하는 업종이 아닌 **아메티칸 타워와 같은 통신타워 리츠는 산꼭대기 통신타워에 사람이 임차인이 아닌 통신장비를 달고 통신사들이 월세를 내는 개념이니 피해가 적을 것이고 오히려 반등이 나오지 않겠냐**는 생각을 하게 되었고, 필자도 그 생각에 동의해 짧게 트레이딩 관점으로 매수해보기로 했다. 당장 주당 187달러에 매수를 진행했다. 아니나 다를까 며칠 만에 크게 반등하기 시작했다. 물론 4월, 5월 코로나19가 심각해지면서 주가가 재차 하락하기 시작했으나 6월 3일 269달러에 전량 이익 실현을 하면서 2~3개월 만에 주가가 무겁다고 느끼던 부동산 리츠로 +43.85%의 수익을 실현할 수 있었다.

F고객은 현재 "리츠는 늘 안정적으로 배당받는 투자라 생각했는데, 코로나19 같은 위기가 생기니 대박이 날 수도 있군요. 흔한 일은 아니겠지만, 제가 운이 좋았습니다"라는 말과 함께 재차 다른 투자 기회를 필자와 함께 찾아나가고 있다.

2020년 2~4월 코로나19로 우리나라 코스피도 1,400포인트까지 하락하고 이때 삼성전자를 저가 매수한 이른바 동학개미들도 많았지만, 좀 더 눈을 돌려보면 글로벌 증시에서도 이처럼 낙폭 과대에서 저가 매수의 기회가 나온 종목들이 많았다는 점에 유념할 필요가 있다. 이래서 **아는 만큼 보이는 것이고, 세상은 넓고 투자할 기업은 많다는** 것을 모든 독자가 아셨으면 하는 바람이다.

경제봉쇄 완화를 기대하며
관련 주식에 베팅하다

G고객은 2020년 2~3월 코로나19가 본격화되면서 항공, 호텔, 숙박, 여객 등 다양한 산업군에 걸쳐서 주가가 폭락하자 이른바 '바닥잡기'(Bottom-fishing. 주가가 낙폭과대일 경우 저가 매수하는 것)에 관심이 있다고 상담을 요청해왔다. 특히 본인은 3월부터 시작된 보잉과 카니발, 델타항공 등 주요 대면 관련 기업의 주가를 계속 관찰해왔고 곧 기회가 올 것 같다고 했다.

당시 코로나19 사태가 본격 시작되면서 해당 기업들의 매출 급감과 사회적 거리 두기, 경제활동봉쇄에 따라 공포가 만연했던 터라 필자는 선뜻 투자에 동의하기가 꺼려졌다. 심지어 보잉은 2월 12일 약 349.95달러에서 3월 18일 1개월 만에 89달러까지 주가가 단기에 하락했다. 글로벌 대표 여객기 제조업체로서 최고의 주식으로 추앙받던 기업의 주가가 무려 -74.57% 폭락하는 것을 보니 덜컥 겁이 났다. 글로벌 대표 크루즈 여객선 업체인 카니발(CCL)도 1월 17일 51.94달러에서 3개월 만인 4월 2일 7.80달러까지 급락하면서 주가가 -84.98%나 하락했다. 필자는 정말 리먼브라더스 사태만큼의 공포를 느꼈다. 그러나 시간이 지나면서 70~80%대의 단기 하락은 너무 과도하다는 판단이 들기 시작했고, 앞으로 코로나19가 완화될 2~3년 동안 장기투자가 가능하다면 하락할 때마다 2~3회 정도 나누어서 투자해보자는 관점으로 매수를 시작했다.

특히 보잉은 여객기 제조업체이기도 하지만 미국 내 대표적인 군수업체이기에 '절대 미국 정부에서 망하게 두지 않을 것이다'라고 확신했고, 카니발이나 델타항공도 각 산업의 대표적인 기업으로서 교통과 물류의 기간산업 지위도 가지고 있었다. 그래서 보잉과 마찬가지의 관점으로, 힘든 구간이 오더라도 버틸 수 있는 체력이 있다고 판단했다.

한참을 지켜보다가 5월 14일경 보잉은 115.92달러, 카니발은 11.50달러, 델타항공은 18.49달러에 전체 현금의 50% 비중만 첫 분할 매수를 진행했다. 그리고 기가 막히게 6월 초까지 급등세가 나오면서 사자마자 2배 이상 상승세를 보여주었다. 특히 보잉은 6월 8일 234.20달러까지 상승했다. 그러나 고객과 필자는 이때 갑자기 바뀐 증시 분위기에 너무 취해 있었던 것 같다. 이익 실현을 하지 않고 더 끌고 가보자는 결론을 내렸는데, 6월 중순부터 재차 하락하더니 11월까지 보잉은 141.58달러까지 하락했다. 여전히 수익이었지만 최대 수익일 때를 생각하니 속이 쓰렸다.

그러다 11월 6일경에 나머지 절반(50%)의 현금으로 추가 매수를 진행했다. 그런데 3일이 지난 11월 9일 화이자의 코로나19 백신이 효능이 있다는 사실이 발표되면서 재차 보잉, 델타항공과 같은 대면 관런 주들의 재반등이 시작되었다. 2021년 11월 기준으로 220~240달러대에서 움직이면서 장기 박스권에서 움직이고 있다.

미국 정부에서 2021년 11월 8일부터 코로나19 백신을 접종한 관광객은 미국 내 입국과 여행을 허용한다고 발표했다. 애초에 계획했던 대로 G고객과 코로나19 치료제 및 백신으로 인해 경제적 봉쇄가 완화되고 지금보다 많은 사람들이 다시 비행기를 타고, 여행을 가고, 소비를 시작할 시점을 기다리면서 함께 홀딩해갈 계획이다.

미국 증시의 신규 IPO 투자는
양날의 검과 같다

H고객은 굉장히 공격적인 성향으로 딱 3,000만 원으로 하이 리스크 하이 리턴(High Risk, High Return)이어도 좋으니 요즘에 핫한 미국의 IPO 관련 주에 투자해보고 싶다고 했다. 필자는 미국 IPO 투자는 굉장히 리스크가 커서 차라리 상장된 이후 1개월 내에 편입을 시작하는 미국의 IPO 관련 ETF인 FPX(First Trust U.S. Equity Opportunities ETF)나 IPO ETF(Renaissance IPO ETF) 투자를 하게끔 안내했다. 그러나 H고객은 몇 백만 원씩 나눠서 사도 상관없으니 괜찮은 신규 상장 IPO 기업들을 선별해달라고 부탁했다.

그리하여 **필자는 상장을 한 지 얼마 안 되었으나 기업 자체의 펀더멘털과 향후 성장 스토리가 견조한 4개 기업을 선정했다.** 미국의 빅데이터 AI 보험 인슈테크 기업인 레모네이드(LMND), 게임계의 어도비로 불리며 2D·3D 게임 개발 엔진의 에픽게임즈와 양대 산맥인 유니티소프트웨어(U), 전기차 고체배터리 제조사로 막 상장한 퀀텀스케이프(QS), 미국판 배달의민족으로 불리는 도어대시(DASH)가 그 주인공들이다.

레모네이드는 2020년 7월 1일에 상장되고 한동안 주가가 하방으로 3개월간 긴 횡보를 거치다가 10월 8일경 장대양봉이 나오고 주가가 장중 +12%까지 급등하는 모습이 나왔다. 그래서 바로 다음날인 10월 9일경 시초 부근인 61달러에서 3,000만 원 중 1/4인 750만 원 정도의 다소 적은 금액으로 매수를 시작했다. 그러나 그 이후 재차 매물이 나오면서 10월 1개월간 조정을 보여 사자마자 다소 힘든 시기를 보냈다. 그러다가 11월부터 재차 상승했고, 12월 23일 137.29달러 최고가를 갱신하면서 약 2개월 동안 +125% 수익이 났다.

유니티소프트웨어는 9월 17일에 상장을 하고 며칠간 상승 추세가 뚜렷해 고객과 함께 고민 끝에 9월 29일 99.47달러에 750만 원 정도만 매수를 진행했다. 운명의 장난인지 그 이후로 약 1개월 동안 박스권에서 움직여 타이밍을 잘못 잡은 것인가에 대한 의구심이 있었다. 그러나 11월부터 본격적으로 박스권을 돌파하고 상승세가 시작되면서 12월 23일 174.94달러까지 상승하며 +75.98% 평가이익이 났다.

전기차 고체배터리 업체인 퀀텀스케이프는 11월 27일 상장하고 40달러대에서 1개월 만에 80달러까지 상승하면서 결국은 매수를 못 하고 지켜만 봐야 했다. 그러다가 12월 15일경 약 4거래일 연속 큰 조정을 받다가 반등이 나오는 것을 보고 60.27달러에 매수를 진행했다. 그리고 운이 좋게도 며칠 후에 애플이 2024년 애플전기차를 내놓겠다는 뉴스와 함께 퀀텀스케이프도 그 관련 주로 묶이면서 12월 22일 132.73달러까지 그야말로 급등을 했다. 불과 며칠 만에

+120.23% 수익이 난 것이다.

가장 마지막으로 선정한 미국판 배달의민족인 도어대시는 12월 9일에 상장을 했고, 우리는 당일 750만 원을 장중 분할매수로 투자를 했다. 당장 형성된 시초가와 종가가 상당히 높은 가격인 195.50달러에 끝났고, 평균 단가가 175달러 정도였는데 2021년 11월 기준으로 약 220달러까지 상승했다. 미국은 이미 경제 재개가 시작된 상황임에도 도어대시의 실적은 꾸준히 상향 중인 것으로 확인되어서 꾸준히 조정 시 분할매수 관점으로 접근해갈 계획이다.

이처럼 **미국의 신규 상장 IPO 투자는 양날의 검과 같은 면을 모두 가지고 있어 대박 아니면 쪽박의 결과를 낳는다.** 이 점을 잊지 않으면서 IPO나 SPAC 관련 주들이 활개를 칠 때가 증시의 버블이라는 격언처럼 G고객과 함께 매일 모니터링하고 있다. 그러다 조금의 하락세라도 보이면 일단 이익 실현 후 좀 더 정석적인 투자를 다시 진행하려고 논의 중이다. 미국의 IPO 투자는 늘 리스크가 크기 때문에 투자할 때 유의해야 한다.

미국 상장 원자재 파생 레버리지 ETN 투자는 위험성이 크다

2015년과 2016년, 그리고 거의 매해 우리나라 투자자들이 가장 큰 피해를 입었던 미국 상장 원유(Crude Oil) 레버리지 ETN/ETF는 많은 투자자의 아우성을 낳았다. 2015년은 WTI(서부텍사스중질유)가 큰 폭으로 하락하면서 미국에 상장된 1배·2배·3배 레버리지 인버스 ETF/ETN 투자가 우리나라에서도 매일 한국예탁결제원 매매 거래 상위 Top 10 종목에 들어갈 정도로 역대급으로 투자가 많은 시기였다. 특히 3배 레버리지 ETN인 당시 티커 UWTI가 가장 큰 문제가 되었다. 필자의 주변에서도 이런 ETF/ETN을 묻지도 따지지도 않고 본인이 알아서 투자해 낭패를 본 사례가 많았다.

일단, 기초자산을 선물/옵션과 같은 파생상품으로 삼을 때는 해당 자산의 만기가 있는지 없는지를 살펴야 한다. WTI 원유 선물의 경우 매달 만기가 있어 매달 롤오버(만기 연장)를 하는 기초자산이었다. 롤오버의 구조는 아주 단순하다. 만기가 도래했을 때 실제 내가 원유 드럼통을 직접 받아서 사용할 목적으로 투자하는 것이 아니기 때문에 당연히 만기 전(근월물: 만기가 곧 도래하는 가까운 월물)에 청산을 하고 그 다음 월물(원월물: 만기가 더 먼 월물)로 교체하는 개념이다. 이때 교체하는 원월물의 가격이 더 높으면 더 높은 가격에 비싸게 롤오버를 진행하면서 그만큼 비용과 자산이 줄어드는 현상이 나타난다. 이때 이 자산을 담고 있는 ETF 운용사는 당연히 그 비용을 떠안지 않는다. ETF 가격 NAV(순자산가치)에 녹여서 자연스럽게 ETF 주가가 내려가게 될 것이다. 그리하여 연간 몇 %가 롤오버 비용으로 발생하기에 당연히 WTI 기초자산의 가격과 괴리가 발생하게 된다.

두 번째 유의사항은 '복리 효과 리스크'다. 10만 원짜리 주식이 4월 1일 10% 상승하면 내 자산은 11만 원이 된다. 그리고 그다음 날인 4월 2일에 그 주식이 그대로 10% 하락했으면 9만 9,000원이 된다. "뭔가 이상하다. 분명히 10% 오르고 10% 내렸는데 왜 내 자산은 더 줄어들었는가?"라고 의문을 가질 텐데, 여기서 모든 투자자가 간과하고 있는 점이 있다. 바로 주식은 매일매일 복리로 투자된다는 것이다. 4월 2일에 내 자산은 10만 원이 아니라 11만 원이 원금이 되어 거기서 10%가 하락했기 때문에 원금인 10만 원이 아니라 9만 9,000원이 된 것이다. 아주 단순한 논리인데 의외로 개인 투자자들이 놓치곤 한다.

자, 그럼 여기서 잘 생각해보자. 3배 레버리지 ETF/ETN이라면 변동성은 더 크지 않았을까? 예를 들어, UWTI(WTI+3배 레버리지 ETN)가 하루 만에 +20% 오르고 그다음 날에 -20%으로, 이러한 박스권 구간이 상당히 오래 지속되었다고 가정해보자. 아마도 내 자산은 계

속 하락하면서 이른바 녹고 있는 상황이었을 것이다. 레버리지 ETF
가 추종하는 기초자산이 한 방향으로 계속 올랐다면 매일 복리로 투
자되면서 수익률이 더 극대화되었겠지만, 박스권이었다면 그 결과
물은 너무나 참담했을 것이다. 그리하여 최근에 이를 운용하던 회사
들이 3배 가격 추종도 어려워 +1.5배 추종으로 낮추거나 +2배 추종
으로 낮추고, 심지어는 스스로 자체 청산 또는 상장 철회를 선택하는
사례까지 나오게 되었다.

**해외 투자를 할 때, 특히나 ETF/ETN의 기초자산이 파생상품과 같
은 것들일 때는 매일 수익률을 체크해야 하며 리스크 관리에 더 신경 써
야 한다.** 그래서 필자도 투자하려는 섹터나 해당 자산군이 특별한 모
멘텀이 있지 않으면 절대 권하지 않는 편이다. 그만큼 리스크가 크기
때문이다.

Global Equity

HOW 해외주식 투자

"야, 너두 해외주식 할 수 있어!"

증권사 계좌 개설
쉽게 하기
A to Z

"나도 국내 주식, 해외주식, 상장 리츠, ETF에 투자해볼까?"

'이제라도 해보자'는 의욕은 생겼지만, 어디서부터 시작해야 할지 막막한 분들이 많을 것이다. '시작이 반이다'라는 말처럼 계좌 개설부터 시작해보자.

증권 거래를 하려면 은행 또는 증권사 지점에 방문해 계좌를 개설하는 것이 가장 일반적이다. 그러나 4차 산업 시대가 아닌가? 요즘은 비대면으로 국내 주식, 해외주식, 금융 상품, 연금, IRP, ISA 등 투자 대상에 맞춰 모바일 환경에서 직접 계좌 개설을 할 수 있다.

계좌 개설 전 확인할 것들

계좌 개설을 할 때 일단 명심할 것이 있다. 모든 증권회사가 해외주식 서비스를 제공하는 것은 아니라는 점이다. 현재 해외주식 서비스가 가능한 증권회사는 약 20개 전후이니(2021년 6월 기준) 내가 개설하려는 증권사가 해외주식을 서비스하는지 먼저 확인해야 한다.

대한민국 국적자 및 국내 거주자(내국인 거주자)에 한해서만 국내 증권사를 통해 해외주식을 거래할 수 있다는 점도 명심해야 한다. 미국 세법상 미국인인 사람, FATCA 목적상 보고 대상 및 캐나다 국적 보유자는 대한민국 증권사에서 해외주식을 거래할 수 없다. 말 그대로 미국이나 캐나다의 현지 회사를 통해 계좌를 오픈한 후 거래할 수밖에 없다.

증권사 계좌 개설하기

이 두 가지 사항을 체크했다면 증권회사 지점을 방문하거나 비대면 앱을 통해 계좌를 개설해보자.

우선 본인 확인을 위한 신분증이나 거래 인감(서명으로 대체 가능)을 준비한다. 특히 주민등록증, 운전면허증, 여권, 공무원증 등 신원 확인이 가능한 신분증은 반드시 지참한다. 평일 낮에 증권사 지점을 찾아갈 수 없어도 문제없다. 스마트폰으로 쉽게 비대면 증권 계좌 개설(해외주식)이 가능하다. 인터넷과 스마트폰에 익숙하다면 5분이면 할 수 있다.

비대면 계좌 개설을 하려면 우선 스마트폰에 각 증권사의 비대면 계좌 개설 전용 앱을 설치해야 한다. 앱을 실행해서 신분증 사진을 찍으면 이름과 주민등록번호 등 주요 정보가 저장되고, 휴대폰을 통한 본인 인증을 거친다. 이후에는 주소, 직장, 이메일 등 개인정보를 입력하고 본인 명의인지 확인하게 된다.

자신의 투자 성향을 파악하는 단계도 있다. 10가지 정도의 질문에 답하고 나면 공격투자형, 적극투자형, 위험중립형, 안정추구형, 안정형 중 어느 유형에 해당하는지 알 수 있다. 보통 해외주식은 환노출의 위험성이 있는 주식에 투자하는 것이므로 공격투자형 이상의 성향만 투자가 가능하다는 점에 유의하고, 본인의 투자 성향에 따른 유의사항을 충분히 인지하고 거래를 해야 한다.

다른 앱에서도 신분증을 촬영하면 본인 인증을 거쳐야 하는데, 영상통화 인증과 타 금융기관 계좌 인증, 공인인증 등 다양한 선택지 중에서 골라 개설을 진행하게 된다. 타 금융기관 계좌 인증을 할 때는 해당 계좌번호를 입력한 후 계좌 확인을 위해 소액(1원 이상 1만 원 이하)을 이체하면 되고, 영상통화 인증은 해당 증권사 상담원이 영상통화로 고객의 개인정보를 확인한 뒤 해당 증권사가 다시 확인 전화를 해서 계좌 개설을 마무리한다.

요즘 대다수의 증권사들은 종합위탁 1개 계좌에서 국내 주식, 해외주식, 펀드, 채권, ELS를 모두 거래할 수 있지만 해외주식과 국내 주식을 한 계좌로 함께 거래할 수 있는지, 해외주식만 거래하는 전용 계좌를 따로 개설해야 하는지와 같은 상세 사항이 증권사마다 다르기 때문에 반드시 확인하고 이용하자.

해외주식 거래 안내

01 계좌개설

해외주식 거래를 위한 영업점, 비대면 은행방문 등을 통한 계좌 개설이 필요합니다.

02 거래 전 등록

해외주식 거래를 위한 투자성향 파악 및 등록이 필요합니다.

03 1)원화 입금 및 환전 / 2)외화 입금

국내주식과 동일하게 원화 입금 후 환전이 가능하며, 투자자의 편의를 위한
원화 증거금 서비스를 제공하고 있습니다.
또한 보유자산 외화를 당사 대표 계좌를 통해 입금이 가능합니다.

04 주문(매수/매도)

해외주식은 각 나라 거래소 개장시간에 맞춰 거래가 이루어지며,
그 외의 시간에는 예약주문을 통해 거래할 수 있습니다.

▼

05 1)환전 후 원화 출금 / 2)외화 출금

결제일 이후 매도금액을 환전 후 원화 출금하실 수 있으며, 외화 또한
연계된 은행 계좌로 출금하실 수 있습니다.

해외주식 거래 시 필수 과정 : 환전! 환전과 환율의 A to Z

해외주식 투자 첫 단계는 환전이다. 미국 주식을 미국달러로 거래하듯, 해당 국가의 주식은 그 나라의 통화(Currency)로 거래하기 때문에 당연히 환전을 먼저 해야 한다.

환전할 때는 외화 매수(원화 → 외화)와 외화 매도(외화 → 원화)를 잘 구분해야 한다. 간혹 사는 것과 파는 것을 헷갈려 주문 실수를 하는 개인 투자자들을 자주 본다. 한번 진행된 거래는 정정하거나 취소할 수 없으므로 유의하자.

환전수수료는 별도로 고객에게 징구하지 않고 환율 스프레드에 포함되어 있다. 증권사별로 다르지만 보통 증권사 고시환율 스프레드는 약 10원(수수료율로 환산할 때 약 1%)이다. 매매를 진행하기도 전에 1%라는 적지 않은 수수료를 내는 것이 부담스러울 텐데, 최근에 해외주식을 서비스하는 대다수의 증권사들은 환율 할인 이벤트를 하고 있다. 만약 주거래 은행에서 우대를 많이 받을 수 있다면 은행 외화통장에서 환전을 한 후에 증권사로 외화를 이체해 해외주식을 거래

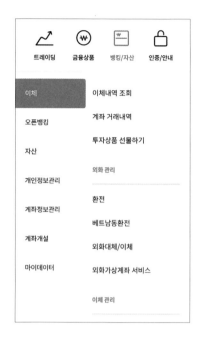

(그림 및 출처: 하나금융투자 원큐프로 앱 환전/외화 화면)

할 수도 있으니 참고하자.

환율 스프레드의 비밀을 풀어보자

코로나19 전부터도 워낙 해외여행이 활발하고 해외 직구가 대중화되어 누구나 환율에 관심이 많다. 해당 국가에 대한 환율을 살피는 건 특별한 일이 아니게 된 것이다. 그러나 은행에서 환율 고시판을 보고 막상 환율 스프레드(외환을 살 때와 팔 때의 가격 차이)를 보면 막

연하게 느껴지는 것이 사실이다. 환율 스프레드와 환전수수료는 어떻게 적용되는지 아주 상세히 설명하겠다.

은행 고시환율

		미국 달러(USD)	일본 엔(JPY)	유럽 유로(EUR)	중국 위안(CNY)
현찰	사실 때	1177.55	1038.59	1266.69	176.32
	파실 때	1137.05	1002.87	1223.13	162.76
여행자 수표	사실 때	1171.18	1032.47	1259.84	171.57
	파실 때	1146.40	1011.04	1233.09	167.93
송금	사실 때	1168.20	1030.42	1256.73	171.15
	파실 때	1146.40	1011.04	1233.09	167.93

환율은 크게 매매기준환율, 전신환율(온라인 송금), 수표환율(여행자수표), 현찰환율로 구분된다. 증권사에서는 외국환법 규정에 따라 해외주식이나 해외 채권 등에 대한 직접투자를 목적으로만 환전을 허용하고, 이에 적용되는 전신환율 환전 업무만 허용하고 있다. 쉽게 말해 온라인에서 오가는 환전, 즉 전신환율(온라인 환율. 돈을 보내거나 받을 때)로만 거래할 수 있다는 이야기다. 증권사 지점에서는 외화 현찰 입금 · 송금 · 출금 자체를 할 수 없고 온라인 환전 및 온라인 송금 · 입금만 가능하다. 국내 증권사 지점에 가서 미국달러를 현찰로 출금했다는 얘기를 들어본 적이 없을 것이다.

미국달러 기준, 매매기준환율 대비 약 +10원의 스프레드가 붙는 것이 이 '전신환율'이고, 증권사에서 우대 없이 환전할 때는 기본적으로 이 스프레드가 적용된다. 물론 증권사별로 차이가 있을 수 있다.

다음으로 현찰환율을 보자. 환율 고시판에 쓰여 있는 '현찰 파실 때/사실 때'가 바로 이것인데, 매매기준환율 대비 가장 많은 스프레드인 약 20~25원(2~2.5%)이 붙어 있다. 이런 이유로 공항 은행 환전소에서 급하게 환전할 때 비싼 수수료를 무는 것이다. 말하자면 이 스프레드 숫자가 작아질수록 우대율이 높다. 달러를 사야 하는 경우에 이 숫자가 작으면 작을수록 내가 받게 될 달러 금액이 커지는 것이기 때문이다.

본인이 환전수수료 이벤트를 하는 증권사를 선택하거나, 본인이 관리하는 PB에게 우대를 요청하는 것도 우대율을 높이는 방법일 수 있겠다.

국가별 제도 및
거래 시간 확인하기

해외주식을 사기 전에 해당 국가의 제도나 거래 시간대 등을 알아

두는 것이 좋다.

해외주식 매매 개요 및 통화

구분	미국	중국A (후강통,선강통)	홍콩	일본	베트남
주문단위 (수량)	1주 (일부ETF 100주)	100주(매도 1주)	종목별 상이 (2,000주 단위 多)	종목별 상이	호치민:10주, 하노이 00주
주가단위	USD 0.01多 (0.0001까지 가능)	CNY 0.01	HKD 0.01多 (0.001까지 가능)	JPY 1 (종목별 상이)	종목별 상이
종목코드 (Symbol)	영문심볼 (예:NUS,MSFT)	종목코드번호 (6자리 숫자)	종목코드번호 (5자리 숫자)	종목코드번호 (4자리 숫자)	영문심볼 (예:VIC,AAM)
상·하한가	없음	10%	없음	종목별 상이	호치민7%, 하노이10%
동시호가제도	없음	10:15~10:25	10:00~10:30	08:00~09:00	11:00~11:15 (주문불가)
주문 유의사항	소수 둘째짜리까지 주문 가능 (일부 저가주 제외)	후강통, 선강통 종목만 가능	종목별 매매단위 상이	종목별 매매단위 상이	재매매 불가

대다수의 증권사들은 모바일 MTS나 PC HTS에서 미국, 중국, 홍콩, 일본 4개국 정도는 MTS/HTS로 직접 거래할 수 있으나 증권사별로 차이가 있으며, 유럽이나 캐나다 등 기타 국가 거래는 오프라인(본사 데스크 전화 주문)을 통해서 거래할 수 있으나 이조차도 증권사별로 다르니 확인해보고 거래하자.

해외주식 안내 – 미국

출처 : 하나금융투자 홈페이지.
URL : https://www.hanaw.com/main/wts/foreign/WT_220100_P.cmd?tabIndex=0&subIndex=0)

미국 주식은 1주 단위로 거래할 수 있고 상하한가나 동시호가 제도가 없다. 중국 주식은 거래 단위가 100주이며 10% 상하한가가 있고, 동시호가는 오전 10시 15분부터 10시 25분까지다.

홍콩, 일본, 베트남 등 나라별로 최소 매매 단위가 모두 다르기 때문에 반드시 매매 화면에서 확인해봐야 한다.

더불어 명심해야 할 사항이 있다. 미국, 일본, 홍콩 주식은 당일 매수·매도(데이트레이딩)가 얼마든지 가능하지만 중국 주식은 오늘 매수한 주식은 오늘 매도할 수 없다. 다만, 매수 다음 날 매도했다가 당일 바로 다시 매수할 수는 있다. 베트남 주식 또한 데이트레이딩이 불가능하며, 반드시 결제일까지 기다렸다가 매매해야 하는 불편함이 있다.

이런 국가별 제도를 잘 이해해 투자할 때 참고하자.

해외주식의
양도소득세와
배당소득세 이해하기

해외주식을 거래하려면 꼭 알아야 하는 것이 세금이다. 우선 배당금을 살펴보자.

배당소득세

해외주식의 배당금에는 배당소득세가 적용되는데, 이는 금융소득종합과세 2,000만 원에 합산된다. 배당소득세는 미국과 캐나다는 15%, 그 외 국가는 아래 표와 같다.

국가	현지	국내	합계
일본	소득세 15.315%	미징수	15.315%
미국	소득세 15%	미징수	15.0%

중화권	상해A주	소득세 10%	소득세 4% +주민세 0.4%	14.4%(CNY)
	상해B주	소득세 10%	소득세 4% +주민세 0.4%	14.4%(USD)
	심천B주	소득세 10%	소득세 4% +주민세 0.4%	14.4%(CNY)
	심천B주	소득세 10%	소득세 4% +주민세 0.4%	14.4%(HKD)
	홍콩거래소	미징수	소득세14% +주민세 1.4%	15.4%
	H주	소득세 10%	소득세4% +주민세 0.4%	14.4%(HKD)
베트남		미징수	소득세14% +주민세 1.4%	15.4%

(법인의 경우, 국내 징수분은 법인세율에 근거하여 징수됨)

양도소득세

양도소득세란 해외주식 매매로 인한 양도 차익은 양도소득세로 과세 대상이며, 투자자에게는 자진 신고 의무가 있다.

양도소득세 신고기간	• 20XX년 1월 2일~20XX 12월 말일(결제분까지) • 과세 신고 : 다음해 5월 자진신고
양도소득세 세율	양도소득세 20%+주신세 2%(양도소득세의 10%) = 과세 금액의 22%
양도소득세 기본공제	250만 원
양도소득세 신고 방법	• 자진신고 : 국세청 홈택스 • 서면신고 : 관할 세무서 • 양도소득세 문의 : 국세청 "세미래"콜센터 tel : 126
계산 방법	• 취득가액(매수대금) : 가격*주식수*결제일 환율 • 양도가액(매도대금) : 가격*주식수*결제일 환율 • 기타필요경비 : 수수료 종합*결제일 환율 • **산출세액 = (취득가액-양도가액-기타 필요 경비-250만원)×22%**

만약 해외주식을 매도해서 이익이 발생한다면 매매차익 중 250

만 원 초과분에 대해서는 양도소득세(총 22%=양도세 20% + 지방소득세 2%)가 적용된다. 해외주식에 대한 세금은 기본적으로 1년간의 매수·매도 등으로 발생한 이익과 손실을 합산해 순수한 손익금액을 기준으로 부과되는데, 수익이 250만 원 이내라면 비과세, 250만 원 이상이라면 과세 대상이다. 수익에서 250만 원을 뺀 차액의 22%를 다음 해 5월에 자진신고·자진납부하면 된다. 보통은 증권사에서 무료로 신고 대행 서비스를 제공한다. 국세청에서는 손실이거나 수익이 250만 원 이내로 과세 대상이 아니더라도 일단 양도세 신고를 할 것을 권고하고 있다.

예를 들어보자. 미국 주식을 매도해 1,000만 원 수익이 났고, 중국 주식에 투자해 300만 원 손실을 보고 매도를 확정 지을 경우 실제 통산한 실제 양도 차액은 1,000만 원에서 300만 원을 뺀 700만 원이다. 여기에서 기본공제인 250만 원을 제외하고, 매수·매도 수수료도 비용 명목으로 차액에서 제외한다. 수수료를 약 50만 원이라고 가정하면 실제 차액은 약 400만 원이다. 이 400만 원의 22%인 88만 원이, 다음 해 5월에 양도소득세 신고 기간에 신고한 후 최종 자진 납부해야 할 세금으로 보면 된다. 내가 번 금액에서만 깔끔하게 양도소득세 88만 원만 내면 종결되는 것이다.

해외주식의 수익은 '이배사근연기', 즉 이자소득세, 배당소득세, 사업소득세, 근로소득세, 연금소득세, 기타소득세를 합산하는 종합소득에 포함되지 않고 별도로 '분류 과세'된다는 장점이 있다(혹자들이 자꾸 '분리과세'라는 잘못된 표현을 쓰는데, 완전히 다른 개념이므로 주의하자).

이것이 고액 자산가들과 금융소득종합과세 대상자들이 해외주식 직접투자를 선호하는 이유다. 그러나 현재 정부에서는 2023년부터 국내 주식과 해외주식을 합산한 새로운 과세 체계 도입을 발표한 상황으로, 추후에는 변화할 세법을 감안해야 한다.

해외주식 양도세에서 투자자들이 두 번째로 제일 많이 궁금해하는 것은 환차익과 환차손의 반영 여부다. 거래는 해외 통화로 하는데 양도소득세는 원화로 과세되기 때문이다. 우선 해외주식 양도소득세에 적용되는 과세환율은 실제 내가 환전한 환율이 아니라 '매매기준환율'이라는 점에 유의하자.

사례를 들어보겠다. 미국 대장주 애플(티커: AAPL US)을 주당 100달러에 100주 매입했다고 가정하자. 매수 취득가액은 1만 달러, 매수일은 7월 1일 월요일이다. 이때 미국 주식의 국내 결제일은 T+3일이므로 실제 잔고 거래내역에 보이는 국내 결제일은 7월 4일 목요일이다. 7월 4일의 매매기준환율이 1,000원이라면, 양도소득세 계산을 위한 취득가액은 1만 달러×1,000원=1,000만 원이 된다.

이후 애플 100주를 주당 120달러에 매도했다고 가정하자. 매도 양도가액은 1만 2,000달러, 4일 뒤 국내 결제일 환율은 980원이다. 이 경우 1만 2,000달러×980원=1,176만 원이 된다. 매도양도가액 1,176만 원에서 매수취득가액 1,000만 원을 뺀 수익이 176만 원이므로 기본공제 250만 원 이하라 비과세다.

이 과정을 잘 생각해보면, 주식 가격에서는 차익이 생겼지만 매도 시 결제일의 매매기준환율이 매수했을 때보다 낮아져 환차손이 계산에 이미 반영되었다는 점을 알 수 있다. 한마디로, 환차익이나 환차손은 별도 과세하는 것이 아니라 양도소득세 과세 계산에 자동으로 반영된다.

자, 그렇다면 애플 주식 매도 후에 내 잔고에는 1만 2,000달러가 남아 있다. 이제 환전을 해야 하는데, 이때 환차익이 발생하면 어떻게 될까? 이 환차익에는 과세가 되는 것일까?

결론부터 말하면, '비과세'다. 1만 2,000달러는 달러 예수금 상태로 계좌에 들어 있다. 증권사는 절대 자기가 먼저 원화로 환전하지 않는다. 고객이 원하는 시점에 환전하면 되는 것이다. 이때 실제로 환차익이 발생한다고 해도 과세는 되지 않는다. 이미 주식 매도 후 국내 결제일의 매매기준환율이 거래금액에 곱해지면서 과세가 이미 종결됐기 때문에 이 1만 2,000달러의 환차익 세금은 신경 쓰지 않아도 된다. 이미 앞선 양도세에는 세금이 반영이 끝났기 때문이다.

만약 원화 강세 및 달러 약세로 내가 환전했을 때보다 환율이 낮아져서 외화 수익률로는 수익인데 원화 수익률로는 손해일 때는 어떻게 될까?

예를 들어, 내가 보유한 테슬라 주식이 외화 수익률로는 +5%인데, 환전한 시점보다 환율이 내려 있어서 원화 수익률로 -7%라고 가정해보자. 이때 테슬라를 매도하게 되면 내 잔고에 달러로는 +5% 수익이 생겼고, 양도소득세 과세 측면으로는 -2% 손절한 것이기에 절세를 했다고 볼 수 있다.

이처럼 해외주식 양도소득세의 과세 체계를 이해한다면 실제 손익과 과세손익이 환율에 따라 얼마든지 차이 날 수 있다는 점도 알 수 있고, 환차익과 환차손 상황에서 적절히 이용해 절세를 하는 지혜도 발휘할 수 있다.

해외 기업 영문명

ㄱ

강봉리튬 Ganfeng Lithium
겔러소스미스클라인 GlaxoSmithKline
고대디 GoDaddy
구글 Goole
글래드스톤 커머셜 Gladstone Commercial
글로벌 페이먼츠 Global Payments

ㄴ

내셔널 풀 개스 National FuelGas
내스퍼스 Naspers
네슬레 Nestle
네터지 에너지그룹 Naturgy Energy Group
넥스트에라에너지 NextEra Energy
넷이즈 NetEase
노무라 리얼에스테이트 NOMURA REAL ESTATE HOLDINGS INC
노바티스 Novartis
누스킨 Nu Skin
뉴에그 커머스 Newegg Commerce
뉴타닉스 Nutanix
니오 NIO
니폰빌딩투자법인 Nippon Building Fund
니폰 프로로지스 리츠 Nippon Prologis

ㄷ

다이와 하우스 리츠 Daiwa House REIT
다임러(벤츠) Daimler
도어대시 DoorDash
도큐사인 DocuSign
디지털 리얼티 Digital Realty Trust, Inc.
드롭박스 Dropbox
드윌리오 Twilio
디스커버 파이낸셜 Discover Financial

ㄹ

라쿠텐 그룹 Rakuten Group
랙스페이스 테크놀로지 Rackspace Technology
램리서치 Lam Research
레갈 렉스노드 Regal Rexnord
레드일렉트리카 Red Electrica
로블록스 Roblox
로쉬 홀딩 AG Roche Holding AG
로우스 Lowe's
루멘 테크놀로지 Lumen Technology
리볼브 그룹 Revolove Group
리얼티인컴 Realty Income Corporation
리오틴토 Rio Tinto
릴리언스 인더스트리 Reliance Industries

ㅁ

마벨 테크놀로지 Marvell Technology
마스터카드 Mastercard
마이크로소프트 Microsoft

마이크론 Micron

맥코닉&컴퍼니 McCormick & Company

머크 Merck

메뉴라이프 US리얼에스테이트 Manulife US REIT

메이투안디앤핑 Meituan

메르카도리브레 MercadoLibre

메이플트리 로지스틱스 Mapletree Logistics Trust

메이플트리 인터스트리얼 Mapletree Industrial Trust

메이플트리 커머셜 트러스트 Mapletree Commercial Trust

메타플랫폼스(구 페이스북) Meta Platforms

몽고DB MongoDB

ㅂ

뱅크오브아메리카 Bank of America

버라이즌 Verizon

버크셔 헤서웨이 Berkshire Hathaway

부킹홀딩스 Booking Holdings

브로드컴 Broadcom

브리티시 어메리칸 타바코 British American Tobacco

VM웨어 VMware

블랙록 BLACKROCK

비자 Visa

빅커머스홀딩스 Bigcommerce Holdings

빌닷컴 Bill.com

ㅅ

사이먼프로퍼티 Simon Property

서던 쿠퍼 Southern Copper

세일즈포스 salesforce

셔윈-윌리엄스 Sherwin-Williams Company

쇼피파이 Shopify

스위스컴 Swisscom

스퀘어 Square

시그룹 Sea Ltd

시스코시스템즈 Cisco Systems

실건 홀딩스 Silgan Holdings

ㅇ

아날로그 디바이시스 Analog Devices

아리스타 네트웍스 Arista Networks

아마존닷컴 amazon.com

아메리카 모빌 SAB Amercia Movil SAB

아메리칸익스프레스 American Express

아메리칸타워 American Tower

아발론베이 AvalonBay

아센다스 리얼에스테이트 Ascendas Real Estate

아이론마운틴 Iron Mountain

아카마이 테코놀로지 Akamai Technology

알렉산드리아 리얼티 Alexandria Real Estate Equities

알리바바 Alibaba

RPM 인터내셔널 RPM International

알트리아 Altria

알파벳A(구글) Alphabet

애보트래보래토리 Abbott Laboratories

애브비 AbbVie, Inc.

앨버말 Albemarle

애프터페이 Afterpay

애플 Apple

어도비 Adobe

어드밴스 레지던스 투자법인 Advance Residence Investment Corp.

어플라이드 머티리얼즈 Applied Materials

업워크 Upwork

엔비디아 NVIDIA

SBA커뮤니티 SBA Communications Corporation

에스에스이 SSE

에퀴닉스 Equinix, Inc.

에쿼티 레지덴셜 Equity Residential

엑센츄어 Accenture

엑슨모빌 Exxon Mobil

엣시 Etsy

오라클 Oracle

오릭스 J-리츠 ORIX JREIT INC

오토데스크 Autodesk

오토매틱 데이터 Automatic Data Processing

워키바 Workiva

월마트 Wal-Mart

웰스파고 Wells Fargo

웰타워 Welltower

윌리엄-소노마 Williams-Sonoma

유나이티드 어반 투자법인 UNITED URBAN INVESTMENT CORP.

유나이티드헬스 UnitedHealth

유니티소프트웨어 Unity Software

이베이 eBay

EVE에너지 EVE Energy

익스피디아 Expedia

인텔 Intel

인튜이트 Intuit

인피니온 테크놀로지 Infineon Technology

ㅈ

재팬리얼에스테이트투자법인 Japan Real Estate Investment Corporation

재팬 메트로폴리탄 펀드 Japan Metropolitan Fund Investment Corporation

제너럴 일렉트릭 General Electric

JD닷컴 JD.com

JP모건체이스 JPMoragan Chase

존슨앤드존슨 Johnson

줌비디오 Zoom Video

지스케일러 Zscaler

질로우 Zillow

ㅊ

차이나모바일 China Mobile

차이나 파워 인터네셔널 디벨로먼트 China Power International Development

츄이 Chewy

ㅋ

카바나 Carvana

캐나다임페리얼상업은행 Canadian Imperial Bank of Commerce

캐피탈랜드 인테그리티 CapitaLand Integrated Commercial Trust

컴캐스트 Comcast

케펠 DC 리츠 Keppel DC Reit

코네이션 펀드매니저 Coronation Fund Managers

코스타그룹 CoStar Group

코인베이스 Coinbase

코카콜라 Coca-Cola

퀄컴 Qualcomm

크라운캐슬 Crown Castle International Corp

ㅌ

테슬라 Tesla

텍사스 인스트루먼트 Texas Instruments

텐센트 Tencent

토요타자동차 Toyota Moter

투시 롤 인더스트리스 Tootsie Roll Industries

트윌리오 Twilio

ㅍ

파나소닉 Panasonic

파이저브 Fiserv

파크웨어 라이프 리얼에스테이트 Parkway Life REIT

패스틀리 Fastly

팩트셋 FACTSET

퍼블릭 스토리지 Public Storage

페이로시티 홀딩스 Paylocity Holding

페이스북 Facebook

페이콤 소프트웨어 Paycom Software

페이팔 PayPal

페트로차이나 PetroChina

펩시코 PepsiCo

포테큐메탈그룹 Fortescue Metals Group

포티넷 Fortinet

프레이저스 센터포인트 Frasers Centrepoint Trust

프로로지스 Prologis Inc

프록터앤갬블 Procter&Gamble

피델리티 Fidelity

핀두오두오 Pinduoduo

프레이저스 로지스틱스 Frasers Logistics Trust

프록터&갬블 Proter&Gamble

프루프포인트 Proofpoint

핀터레스트 Pinterest

ㅎ

항생은행 Hang Seng Bank

허브벨 Hubbell

홈디포 Home Depot

화이자 Pfizer

Global Equity

위드코로나 시대 돈 버는 해외주식

초판 1쇄 인쇄 2022년 3월 21일
초판 1쇄 발행 2022년 3월 25일

지은이 유나무, 전래훈
펴낸이 조종현
기획편집 정희숙
책임교정 장도영 프로젝트
표지·본문 디자인 투에스디자인

펴낸곳 길위의책
출판등록 제312-25100-2015-000068호 · 2015년 9월 23일
주소 03763) 서울시 서대문구 이화여대8길 123, 105-607
전화 02-393-3537 **팩스** 0303-0945-3537
블로그 https://blog.naver.com/roadonbook
이메일 roadonbook@naver.com

ISBN 979-11-89151-23-2 (03320)